ENSINO E TREINAMENTO
>> PROFISSIONALIZANTES

I51e   Ingle, Steve.
            Ensino e treinamento profissionalizantes / Steve Ingle,
        Vicky Duckworth ; tradução: Théo Amon; revisão técnica:
        Amneris Ribeiro Caciatori. – Porto Alegre : Penso, 2015.
            xvi, 207 p. : il. ; 25 cm.

            ISBN 978-85-8429-056-7

            1. Ensino profissionalizante. 2. Treinamento. I.
        Duckworth, Vicky. II. Título.

                                                        CDU 377

Catalogação na publicação: Poliana Sanchez de Araujo – CRB 10/2094

STEVE INGLE E VICKY DUCKWORTH

ENSINO E TREINAMENTO
PROFISSIONALIZANTES

Tradução
Théo Amon

Revisão técnica
Amneris Ribeiro Caciatori
Especialista em Ética, Valores e Cidadania na Escola pela Universidade de São Paulo (USP)
Supervisora Educacional Responsável pela Área de Gestão Pedagógica do Grupo de Supervisão Educacional
da Unidade de Ensino Médio e Técnico do Centro de Educação Tecnológica Paula Souza de São Paulo

penso

2015

Obra originalmente publicada sob o título
Teaching and Training Vocational Learners
ISBN 9781446274392

English language edition published by SAGE Publications of London, Thousand Oaks, new Delhi and Singapore, © Steve Ingle and Vicky Duckwoth 2013.
First published by Learning Matters SAGE 2013.

Gerente editorial: *Arysinha Jacques Affonso*

Colaboraram nesta edição:

Coordenadora editorial: *Verônica de Abreu Amaral*

Editora: *Maria Eduarda Fett Tabajara*

Preparação de originais: *Cristhian Herrera*

Capa e projeto gráfico: *Paola Manica*

Imagens da capa: *Color_life/iStock/Thinkstock*
Varijanta/iStock/Thinkstock
Teneresa/iStock/Thinkstock
enotmaks/iStock/Thinkstock
PureSolution/Bigstock.com
punsayaporn/Bigstock.com

Editoração: *Kaéle Finalizando Ideias*

Reservados todos os direitos de publicação à
PENSO EDITORA LTDA., uma empresa do GRUPO A EDUCAÇÃO S.A.
A série Tekne engloba publicações voltadas à educação profissional e tecnológica.

Av. Jerônimo de Ornelas, 670 – Santana
90040-340 – Porto Alegre – RS
Fone: (51) 3027-7000   Fax: (51) 3027-7070

É proibida a duplicação ou reprodução deste volume, no todo ou em parte, sob quaisquer formas ou por quaisquer meios (eletrônico, mecânico, gravação, fotocópia, distribuição na Web e outros), sem permissão expressa da Editora.

Unidade São Paulo
Av. Embaixador Macedo Soares, 10.735 – Pavilhão 5 – Cond. Espace Center
Vila Anastácio – 05095-035 – São Paulo – SP
Fone: (11) 3665-1100   Fax: (11) 3667-1333

SAC 0800 703-3444 – www.grupoa.com.br

IMPRESSO NO BRASIL
PRINTED IN BRAZIL

Steve e **Vicky** dedicam este livro a todos aqueles envolvidos em mudar vidas e melhorar futuros por meio da educação e do treinamento vocacionais inspiradores e de alta qualidade.

Steve gostaria de dedicar este livro à sua mãe, Gwen, uma verdadeira eterna aprendiz.

Vicky gostaria de dedicar este livro, como sempre, a Craig Ludlow e suas filhas, Anna e Niamh.

Os autores

Steve Ingle é consultor *freelancer*, examinador-chefe e professor adjunto na University of Cumbria, Reino Unido. Possui mais de doze anos de experiência com fornecedores de Grau 1, em diversos cargos docentes e gerenciais em educação profissional e superior, e com instrutores particulares de treinamento.

Um experiente educador de professores, Steve já trabalhou em vários programas de melhoria de qualidade e desenvolvimento de mão de obra de instrutores. Especializado em educação vocacional e aprendizagem otimizada por tecnologia, Steve é *expert* em avaliação externa e garantia de qualidade. É *fellow* do CIEA, do IfL e da HE Academy. Para mais informações sobre o seu trabalho, acesse www.steveingle.com.

Vicky Duckworth é professora sênior e coordenadora do mestrado em Educação e Treinamento Pós--compulsório e Líder Universitária das Escolas na Edge Hill University, Reino Unido.

Vicky tem a convicção de que a educação profissional pode oferecer um espaço crítico para dar suporte e autonomia aos alunos, qualquer que seja a sua trajetória prévia. Ela publicou diversas obras sobre uma variedade de questões e tópicos de pesquisa. Esses tópicos vão de abordagens críticas e emancipatórias à educação até ensino em educação profissional e justiça social, habilidades relacionadas com leitura, gramática, ortografia, interpretação de textos e literatura, e envolvimento da comunidade.

Agradecimentos

Os autores gostariam de expressar os mais profundos agradecimentos a todos que contribuíram para dar forma a este livro em benefício dos demais profissionais.

Em especial, agradecemos à Hannah Ratcliffe, David Knowles, Elizabeth Bennett, Erica Campbell, Samantha Watters, Deborah Parkinson, Clare Stuart, Debra Manley, Abigail Heaton, Naomi Wilson, Claire Elliott e a todos os profissionais praticantes que ilustraram seu uso inovador de tecnologias de aprendizagem:

Alan Goodenough – Blackburn College

John Picken – Blackburn College University Centre

Julie Gibson – SportsED

Beth Maloney e Simon Coel – Horses and Courses

Penny Horsefield – International School of Creative Arts

Rani Padayachee – Lambeth College

Sandra Arnold-Jenkins – Lambeth College

Jenny Stimpson – Fresh Media Productions

Helen Green – Orient8 Consulting

Lenny St Jean – Play with Jelly

Catherine Shiel – West Lancashire College

Também gostaríamos de agradecer à Amy Thornton, da Learning Matters, e Jennifer Clark por seu apoio e orientação pacientes.

Introdução

A estrutura do livro e como utilizá-lo

Bem-vindo a *Ensino e treinamento profissionalizantes*. Este livro é um guia acessível e de fácil leitura para novos professores e para colegas mais experientes que lecionam em todo o diversificado leque do ensino profissionalizante, que no Reino Unido abrange a *further education* e a *sixth-form education*, aprendizado adulto e comunitário, aprendizado laboral, tutores particulares de treinamento e trabalho com educação prisional.

Este livro visa:

- familiarizá-lo com o contexto da educação vocacional no Reino Unido, o que irá ajudá-lo a pensar a educação profissional no Brasil;
- dar-lhe ideias práticas, dicas, atividades e planos para apoiar e otimizar seu ensino e aprendizado;
- ajudá-lo a aprender com outros profissionais, explorando o que eles fazem na sua prática em diferentes ambientes de aprendizado;
- auxiliá-lo a escutar a "voz do aluno" para saber como ele vê a sua educação e o que espera dos seus professores.

O contexto do ensino profissionalizante vem sendo objeto de muita atenção e mudança nos últimos tempos. Embora este seja um momento interessante para os profissionais e alunos do que no Reino Unido se chama de *ensino e treinamento vocacionais*, ou simplesmente de *educação vocacional*, as mudanças e os debates recentes podem confundir e inquietar, especialmente aqueles em treinamento ou colegas recém-chegados. Mudanças influenciadas pelo impacto da revisão de Wolf sobre educação vocacional, da revisão de Lingfield sobre o profissionalismo na *further education*, da revisão de Richard sobre os programas de aprendiz, pela abertura de University Technical Colleges (UTCs) e escolas-estúdio, e pela reformulação das qualificações BTEC para incluir avaliação externa são apenas alguns dos indicadores recentes do debate, das transformações e das ideias atuais a respeito do futuro e do valor da educação vocacional no Reino Unido.

Esperamos que este livro sirva como um material compreensível e acessível para auxiliar todos os profissionais atuantes, ajudando-os a repensar e aperfeiçoar sua prática em instituições de ensino e locais de trabalho. Ele foi escrito para aconselhá-lo e orientá-lo a respeito da melhor abordagem de ensino, aprendizado e avaliação. Utilizamos os termos "profissional" e "tutor" indiscriminadamente, indicando qualquer um que trabalhe com educação profissional, como professores, palestrantes, pessoal de suporte, facilitadores, mentores e *coaches*. Isso inclui o apoio à sua prática na estética, na oficina, na cozinha, no campo, no jardim, na sala de aula ou no auditório.

Cada capítulo oferece informações, conselhos e orientações muito práticos para dar suporte ao seu trabalho. Reconhecemos que anos e anos de experiência nem sempre o preparam para praticar o "CHIME" com seus alunos logo de cara:

- **C**ommunicate (comunicar)
- **H**elp (ajudar)
- **I**nspire (inspirar)
- **M**otivate (motivar)
- **E**ngage (envolver)

O **Capítulo 1** explica o que de fato é ensino e treinamento vocacionais, as diferenças em relação a educação e qualificações mais gerais e como isso pode influenciar a sua abordagem de concepção e prática de ensino, aprendizado e avaliação. Servimo-nos do trabalho dos professores Bill Lucas, Guy Claxton e Dra. Ellen Spencer e das suas ideias e recomendações para uma "pedagogia vocacional": a ciência, a arte e o ofício do ensino. Também exploramos o trabalho da Commission for Adult Vocational Teaching and Learning e as recomendações que ela dá aos profissionais a fim de propiciar ensino e aprendizado de excelência.

O **Capítulo 2** explora alguns dos debates atuais sobre ensino e treinamento vocacionais no Reino Unido. O ritmo da mudança é desafiador e, frequentemente, intimidador. O profissional de excelência tem a obrigação de se manter a par dos debates atuais e de como eles influenciam as políticas e, em última instância, a prática. Muitas mudanças estão ocorrendo enquanto escrevemos, e nós sinalizamos aos leitores fontes de suporte e orientação complementar para que se mantenham informados.

O **Capítulo 3** salienta a importância de envolver e motivar os alunos. Nós exploramos estudos de caso de profissionais reais e experientes e como sua abordagem pode ajudar a guiar e moldar a sua prática.

O envolvimento do empregador é um fator-chave para oferecer experiências de aprendizado vocacional que preparem os alunos para desenvolver o conhecimento, a compreensão e as habilidades necessárias para o mundo real de trabalho. O **Capítulo 4** explora como os profissionais podem trabalhar em uníssono com empregadores e a indústria para que o ensino, o aprendizado e a avaliação estejam bem alinhados com as necessidades dos empregadores.

Planejar a sua abordagem ao ensino e ao treinamento vocacionais costuma ser um dos aspectos mais desafiadores para novos professores, tutores e treinadores. Planejar de forma correta assegura que sua entrega e avaliação também sejam altamente eficazes. No **Capítulo 5**, oferecemos uma variedade de ideias e estratégias (incluindo exemplos de plano de aula e programas de disciplina) para lhe dar auxílio e suporte no planejamento de disciplinas, qualificações e programas vocacionais.

O **Capítulo 6** parte para a exploração de maneiras de tornar a sua prática empírica, ativa e participativa. Profissionais compartilham exemplos de como o seu ensino satisfaz às necessidades dos alunos por meio do uso de uma gama de atividades, excursões, visitas, tarefas, palestrantes convidados e desafios envolventes e motivacionais. Esmiuçamos o papel das tecnologias de aprendizagem na educação vocacional e como simulações e "jogos sérios" podem proporcionar experiências preciosas de aprendizado.

No **Capítulo 7**, exploramos a abordagem multimodal e multimídia à avaliação e ao *feedback* de aprendizado vocacional. O aprendizado vocacional é demonstrado de muitas maneiras diferentes, em uma variedade imensa de contextos. Enfatiza-se a necessidade de adotar abordagens flexíveis às avaliações formativa (contínua) e somativa (final), incluindo o uso de apresentações, portfólios, encenações e cenários, e evidências no local de trabalho. Apresentamos ideias para produzir propostas de trabalho relevantes e envolventes, com exemplos úteis.

A educação vocacional frequentemente produz uma grande quantidade de informações de avaliação, demonstrando o conhecimento, a compreensão e as habilidades dos alunos, tanto no processo quanto no estágio do produto final. Muito dessa avaliação foca a confirmação da competência em habilidades e no conhecimento e na compreensão que o aluno possui para realizar tarefas e atividades. O **Capítulo 8** explora o uso de portfólios eletrônicos, bem como outras tecnologias novas e emergentes que podem ser utilizadas para registrar as conquistas do aluno. Também exploramos como observar as habilidades aplicadas dos alunos e registrar as informações adequadamente.

O **Capítulo 9** é dedicado a uma gama de diferentes "vozes dos alunos" em todo o setor de ensino e treinamento vocacionais. Ele reúne e ilustra as necessidades e motivações de um amplo leque de alunos de diferentes idades, disciplinas e experiências. Propomos questionamentos e reflexões neste momento de modificações consideráveis para todos os que trabalham para planejar, entregar e avaliar ensino e treinamento vocacionais extraordinários para jovens e adultos. Oferecemos um novo modelo de prática reflexiva para auxiliá-lo no planejamento de seus próximos passos, em como você receberá suporte e em quais mudanças você quer implantar na sua prática.

Em cada capítulo, você é convidado a parar, refletir e participar de uma série de tarefas e atividades de extensão. Elas são úteis para você aplicar seu conhecimento e sua compreensão na sua própria prática no contexto profissional.

Estudos de caso. Ajudam a ilustrar o que os demais profissionais estão fazendo em todo o setor de ensino e treinamento vocacionais. Considere se os aspectos da prática deles funcionariam para você, os desafios que eles enfrentaram e as recomendações que eles sugerem para envolver e desenvolver os alunos.

Para refletir. Para desencadear reflexão profissional contínua e uma compreensão mais profunda dos tópicos apresentados. A prática reflexiva é vista como uma qualidade essencial dos profissionais de ensino e aprendizado, a fim de ajudá-los a se envolver criticamente com as questões atuais e a identificar ações práticas e metas para a prática futura.

Agora é a sua vez! Sugestões para consolidar e aplicar o aprendizado na sua própria prática. Dependendo do seu nível atual de experiências, as atividades podem ser desafiadoras. Nós o convidamos a descobrir mais sobre os seus contextos profissionais atuais e as necessidades e preferências dos seus alunos.

Na Internet. Entender por que ensinamos e treinamos da maneira como fazemos é importante para esclarecer e guiar o nosso desenvolvimento profissional. O contexto vocacional está em constante mudança, e nós sugerimos *links* para pesquisas relevantes e fontes de informação atualizada.

Além disso, cada capítulo é associado aos National Occupational Standards (NOS – Padrões Ocupacionais Nacionais) de unidades de aprendizado e desenvolvimento do Reino Unido. Os padrões foram aprovados inicialmente em 2001 pela Lifelong Learning UK (LLUK), que era o Sector Skills Council (SSC) do setor educacional, sendo atualizados em 2010.

Os National Occupational Standards (NOS) são os padrões que descrevem o que uma pessoa precisa fazer, saber e compreender em seu trabalho a fim de desempenhar sua função de maneira consistente e competente. Os padrões são utilizados por diversos profissionais atuantes de aprendizado e desenvolvimento para desenvolver e avaliar as habilidades, os conhecimentos e as competências dos alunos no local de trabalho ou em programas laborais de aprendizado.

Existem 13 NOS para Aprendizado e Desenvolvimento, baseados no "ciclo de treinamento ou aprendizado".

A. Pesquisar necessidades de aprendizado e desenvolvimento.

B. Planejar e desenvolver oportunidades de aprendizado e desenvolvimento.

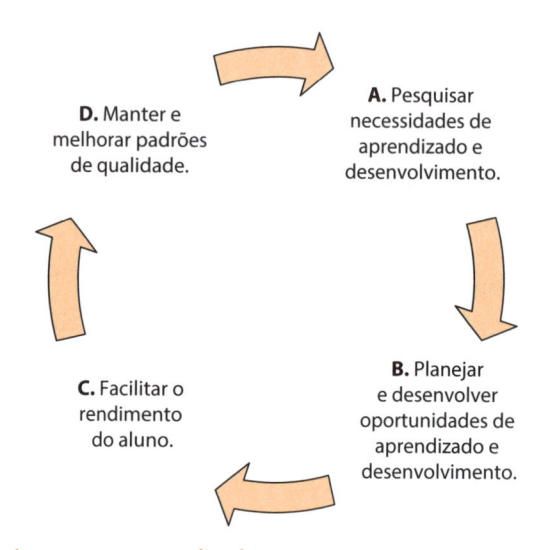

C. Facilitar o rendimento do aluno.

D. Manter e melhorar padrões de qualidade.

Figura I.1 Ciclo de treinamento e aprendizado.

Outros padrões ocupacionais do Reino Unido que podem ser relevantes para a sua função incluem:

Envolvimento de empregadores: Para todos aqueles empregados em uma organização de ensino e treinamento vocacionais que trabalham diretamente com o(s) empregador(es).

Entrega de aprendizado: Para os profissionais atuantes envolvidos com projeto, desenvolvimento e entrega de aprendizado.

Tutoria particular: Para tutores particulares, dando suporte a necessidades mais amplas e eliminando barreiras de estudantes do setor de ensino e treinamento vocacionais.

Suporte ao ensino e aprendizado: Para quem auxilia professores e tutores no fornecimento de atividades de aprendizado, como, por exemplo, assistentes de suporte ao aprendizado (*learning support assistants* – LSAs), assistentes de ensino (*teaching assistants* – TAs) e mentores de aprendizado.

Para saber mais sobre padrões ocupacionais do Reino Unido e quem guia e auxilia os que trabalham no seu setor profissional, acesse o *site* da Commission for UK Employment and Skills (UKCES): http://nos.ukces.org.uk. O *site* www.mtecbo.gov.br, da Classificação Brasileira de Ocupações, também é uma fonte interessante de informações.

Acima de tudo, este livro foi concebido tendo você em mente: o atribulado profissional da educação vocacional. Mergulhe nos capítulos, encontre ferramentas e exemplos específicos e vá atrás da teoria relevante e informações complementares. Esperamos que você encontre no livro um recurso útil de suporte à sua prática de entrega de ensino, aprendizado e avaliação extraordinários, satisfazendo as necessidades de todos os seus alunos.

Steve Ingle e *Vicky Duckworth*

Sumário

capítulo 1
O que é educação vocacional? 1
Vocação, profissão ou ofício? 2
Educação ou treinamento? 4
Acadêmico ou vocacional? 5
Qualificações vocacionais 7
    Aprendizados (*apprenticeships*) 8
    Principais dados 9
    Programas de *trainee* (*traineeships*) 9
    Qualificações laborais 10
    National Vocational Qualifications (NVQs) 10
    Vocationally Related Qualifications (VRQs) 11
    Níveis A aplicados e GCSEs aplicados 12
    Technical Baccalaureate (*TechBacc*) 12
Pedagogia vocacional? 19
Andragogia vocacional? Uma teoria do aprendizado vocacional adulto 22

capítulo 2
O cenário em mudança 27
Políticas em mudança 28
    A Revisão da Educação Vocacional de Wolf 29
    O valor da experiência de trabalho 30
    A Revisão de Richard dos Aprendizados 32
Profissionalismo na formação complementar 33
Mudança de custos 34
Mudança de contextos 35
    University Technical Colleges 35
    Studio schools 35
    Enterprise academies 36
    Ensino misto e à distância 37
Mantendo-se atualizado 38

capítulo 3
Desenvolvimento e motivação de alunos da educação vocacional 45
A importância do "CHIME" 46
Uma questão de motivação 47
Aprendizado situado 48
    Teorias da motivação 48
Satisfação das necessidades individuais 49
    Sentir-se seguro, acolhido e bem-vindo 50
Abordagens antidiscriminatórias em ensino e aprendizado: contestando estereótipos 53
Confiança e autoestima 56
    Motivação intrínseca 57
    Criação de uma "mentalidade de crescimento" 58
    Escolha 59
    Desafio ideal 60
    Maneiras de diferenciar o aprendizado 61
    Teoria expectativa-valor 61
    Teoria da atribuição 62
    Influência da falta de motivação em uma pessoa de baixo desempenho 63
    Motivação por meio de competição 63
    Promoção de motivação 64

capítulo 4
Envolvimento do empregador 67
Aprendizado além da sala de aula 68
O uso de modelos vocacionais 70
Aprendizado durante estágios 70
    O que mais seus alunos podem ganhar? 71
Concepção do curso 73
Ensino e aprendizado 74
Aprendendo fora da sala de aula 75
Avaliação e *feedback* 75
Estudos de caso de empregadores 76
Redes sociais 76

capítulo 5
Planejando a sua abordagem 83
Principais considerações de planejamento 84
Documentos de planejamento 85
    Programa da disciplina 86
    Plano de aula 87

Perfil de grupo 88
Saúde e segurança 89
Modelos de ensino 90
Reconhecimento e registro de progresso e conquistas (RARPA) 92
Avaliação inicial e diagnóstico 93
    Estilo de aprendizado: amigo ou inimigo? 93
        Ativistas 94
        Reflexivos 95
        Teóricos 95
        Pragmáticos 95
        Análise de mentalidade 96
Desenvolvendo o letramento dos alunos 98
Letramento vocacional 99
Habilidades funcionais 102
Letramento digital 103

capítulo 6
Aprendizagem experiencial e aplicada 117
Aprendizagem por meio de prática e resolução de problemas do mundo real 120
Aprendizagem por meio de ambientes virtuais de aprendizagem 121
A sala de aula invertida 122
Aprendizagem por meio de *coaching* (treinamento) 125
Aprendizagem por meio de reflexão 128
Aprendizagem por meio de competição 131
    VQ Day 133
    Adult Learners' Week 133
    National Apprenticeship Week 133
Aprendizagem por meio de jogos 134
Ensino e aprendizado cooperativos 137
    Como planejar abordagens cooperativas? 138

capítulo 7
Avaliação vocacional 143
O que queremos avaliar? 145
Como queremos avaliar? 146
Ferramentas de avaliação na sala de aula 146
Tipos de avaliação 147
    Avaliação inicial 147
    Avaliação diagnóstica 147
    Avaliação formativa 147

    Avaliação somativa 148
    Avaliação referenciada por critérios 149
    Avaliação ipsativa 149
Dicas para avaliação eficaz 150
    O que você não precisa fazer 150
Feedforward, e não *feedback*! 152
Reforço de uma "mentalidade de crescimento" por meio de *feedback* 153
Questionamento 154
A proposta de trabalho 154
Escolha das ferramentas corretas de avaliação 159
    Como garantir que você se sinta confiante para utilizar as ferramentas? 159
    Planejamento da avaliação 159

capítulo 8
Observando o aprendizado vocacional 161
Portfólios e registros de desenvolvimento profissional. 162
Portfólios 163
    Informações autênticas 164
    Informações confiáveis 164
    Plágio e más práticas 164
Criação de um diário de aprendizado 166
Registro de habilidades práticas 166
Registros de observação e depoimentos 167
Ética e evidências 168

capítulo 9
A voz do profissional prático 173
Atividades 185

apêndice 1
Exemplo de esquema de trabalho vocacional 187

apêndice 2
Modelo de plano de avaliação 201

apêndice 3
Modelo de reflexão IRIS 203

Índice 205

capítulo 1

O que é educação vocacional?

A terminologia e o imenso leque de qualificações do mundo da "educação vocacional" podem ser muito confusos e intimidadores. Este capítulo explora a perspectiva em mudança da educação vocacional, ou, como ocasionalmente é denominada, ensino e treinamento vocacionais. Ele também esboça como esse panorama é traduzido na variedade de qualificações aplicadas e avaliadas pelos profissionais em todo o Reino Unido, tanto na further education *quanto em* sixth-form colleges, *em instituições de ensino comunitário e para adultos, com criminosos em ambiente prisional ou no grande setor de ensino no local de trabalho.*

Objetivos de aprendizagem

- Explicar a natureza complexa do ensino e treinamento vocacionais.
- Identificar as semelhanças e diferenças entre as qualificações "acadêmicas" gerais e as vocacionais.
- Relacionar o leque de qualificações e contextos vocacionais em todo o setor de FE e Habilidades.
- Identificar ideias para desenvolver uma pedagogia ou andragogia para o ensino e o treinamento eficazes de jovens e adultos de ensino e treinamento vocacionais.

❯❯ Vocação, profissão ou ofício?

Ao identificar e questionar os debates em torno da educação vocacional, você estará mais bem preparado para desenvolver e planejar cursos, programas e avaliações vocacionais que satisfaçam as necessidades e os interesses de seus alunos.

❯❯ Agora é a sua vez!

É importante destacar que, no Brasil, geralmente o termo "vocacional" é associado estritamente à orientação para a carreira. No entanto, neste livro, "vocacional" diz respeito, grosso modo, ao que no Brasil chamamos de ensino profissionalizante, aqui referido como ensino e treinamento vocacionais. Feita essa ressalva, o que o termo "educação vocacional" significa para você? Considere a sua própria história educacional e as diferentes estradas que o levaram a se tornar um educador. Liste os termos.

Ao pensar sobre o termo "educação vocacional", talvez você tenha criado uma lista de termos como:

- técnica e prática;
- foco ocupacional;
- aprendizado prático e aplicado;
- desenvolvimento de habilidades para o mundo real de trabalho;
- competência relacionada ao trabalho e baseada em trabalho.

Então, o que é educação vocacional? Tummons (2007: 3) ressalta como a linguagem em torno da educação vocacional se transformou, sendo, às vezes, imprecisa.

> Historicamente, algumas ocupações são classificadas como profissões; outras, como vocações. A palavra "vocação" é derivada do latim "vocare", que significa "chamar". Originalmente, as profissões eram vistas como distintas das vocações e de outras ocupações.

Atualmente, é comum falarmos sobre as profissões de professor, médico ou advogado, mas elas não poderiam também ser consideradas vocações, em que o profissional tem uma sensação de "chamado" para desempenhar seu papel? Na sua avaliação sobre a educação vocacional na Inglaterra, a Professora Alison Wolf (2011) também identifica como, na ausência de uma definição formal, o termo "vocacional" não é definido claramente pela comunidade educacional. A educação vocacional (e o espectro de qualificações associadas) serve a muitas finalidades diferentes e a muitos alunos diferentes, desde cursos de nível superior dirigidos a ocupações muito específicas até programas mais gerais, relacionados a trabalho ou pré-vocacionais, oferecidos, muitas vezes, nos níveis mais baixos.

Em um relatório sobre excelência em ensino e aprendizado vocacionais de adultos, a Comissão sobre Ensino e Aprendizado Vocacional Adulto (Commission on Adult Vocational Teaching and Learning – CAVTL, 2013) reconhece a natureza capciosa e fluida da definição do termo "vocacional" e sua distinção da educação "profissional" e tradicionalmente "acadêmica". Eles identificam que, no Reino Unido, o ensino e o treinamento vocacionais tradicionalmente são associados ao desenvolvimento de habilidades para as áreas de trabalhos braçais e manuais, como cozinheiro, encanador, marceneiro e cabeleireiro, por volta do nível intermediário. A educação profissional seria mais associada à medicina, ao direito e à contabilidade em um nível mais alto, havendo, é claro, outras áreas ocupacionais que parecem se situar em algum ponto intermediário, como administração de empresas, engenharia e tecnologia da informação.

A CAVTL identifica que todo programa de ensino e aprendizado vocacionais precisa ser caracterizado por dois fatores:

1. Uma "clara linha visando ao trabalho" – permitindo que os alunos enxerguem por que estão aprendendo o que aprendem para o mundo real do trabalho.

2. Uma colaboração "de mão dupla" – entre fornecedores de treinamento e empregadores.

> **>> PARA REFLETIR**
>
> Pense na matéria que você ensina. Você a vê como vocacional, acadêmica, geral ou profissional?
>
> Você acha que o nível em que você leciona a sua matéria afeta o fato de ela ser vocacional ou não?

A Edge Foundation é uma entidade independente de caridade educacional dedicada à elevação do *status* do aprendizado técnico, prático e vocacional. A fundação oferece uma definição de educação vocacional em que o aprendizado é demonstrado por meio da aplicação do conhecimento em um contexto prático.

Enfatiza-se o "aprender fazendo", no qual são feitas ligações claras entre teoria e prática, em oposição ao aprendizado mais teórico e abstrato, verificado na educação não vocacional ou mais "acadêmica".

> **Edge Foundation (www.edge.co.uk)**
>
> A Edge Foundation é uma entidade independente de caridade educacional do Reino Unido dedicada à elevação do *status* do aprendizado técnico, prático e vocacional. A Edge acredita que todos os jovens devem ter a oportunidade de atingir seu potencial, o que pode acontecer de muitas maneiras diferentes, seja por uma rota predominantemente acadêmica, seja por uma rota vocacional do tipo "aprender fazendo". As habilidades vocacionais são vistas como cruciais para equipar a futura mão de obra do Reino Unido em uma economia moderna e global.
>
> A Edge acredita que o sistema atual valoriza desproporcionalmente a educação acadêmica, sendo necessária uma mudança. Suas campanhas, redes e pesquisas são direcionadas à criação de um *status* mais igualitário para a educação técnica, prática e vocacional, que deve se tornar uma parte integral da educação, a fim de satisfazer as demandas da economia do Reino Unido.

» Educação ou treinamento?

Ao considerar o debate em torno da educação vocacional, o papel do treinamento também é uma importante área de foco. Quando a educação se torna treinamento, ou vice-versa? O treinamento frequentemente é visto como a preparação dos alunos para terem o conhecimento procedimental (ou *know-how*) a fim de serem competentes em uma habilidade ou procedimento específico. Esse conhecimento específico muitas vezes é visto como "técnico", outro termo comumente usado para descrever programas vocacionais.

A educação às vezes é vista como o desenvolvimento de uma compreensão de conceitos mais teóricos ou abstratos, muitas vezes chamados de conhecimentos declarativos ou proposicionais (ou "saber sobre"). É claro que muitos programas vocacionais buscam desenvolver tanto o conhecimento declarativo quanto o procedimental, para que os alunos saibam não apenas como realizar uma tarefa ou função, mas também as razões por que realizá-la e, o que é crucial, as consequências de fazê-la de forma errada.

> ## » PARA REFLETIR
>
> Considere a sua própria matéria e os diferentes tipos de conhecimento que o seu ensino deveria desenvolver. Ela é majoritariamente prática (p. ex., como instalar fiação ou trocar um pneu) ou teórica (como uma teoria de desenvolvimento da criança ou o impacto das contraindicações de um tratamento cosmético)?
>
> Agora pense em quais seriam as maneiras mais eficazes para desenvolver o seu conhecimento de aprendizado sobre o conhecimento procedimental e o proposicional. Você utilizaria métodos e atividades diferentes? Você avaliaria os diferentes tipos de conhecimento de modos diferentes?
>
> Exploraremos essas questões nos capítulos seguintes.

» Acadêmico ou vocacional?

No cenário atual de ensino e aprendizado, tanto em escolas quanto em todo o setor de FE (*further education*)[1] e Habilidades, é costume fazer-se uma distinção clara entre os currículos "acadêmico" e "vocacional", apesar de, na realidade, haver muitos aspectos acadêmicos em muitos programas vocacionais. Qualificações gerais geralmente são vistas como currículos acadêmicos, preparando os alunos para ter uma compreensão de fatos, números, teorias e conceitos – conhecimento proposicional.

O papel do currículo vocacional e das muitas qualificações associadas é visto por muitos como uma forma de desenvolver o conhecimento do fazer dos alunos, as habilidades práticas necessárias para desempenhar muitas funções manuais e qualificadas.

---

[1] N. de R.T.: *Further Education* é o termo utilizado para se referir à educação além da recebida na escola secundária, mas é distinta do ensino superior oferecido nas universidades. É geralmente um meio para atingir uma qualificação necessária para frequentar a universidade ou iniciar um plano de carreira específico.

No Reino Unido, qualificações "acadêmicas" gerais são, muitas vezes, vistas como mais exigentes e desafiadoras, tendo, portanto, um currículo mais adequado aos alunos mais aptos e talentosos. No entanto, muitas qualificações vocacionais incluem conceito acadêmicos e teóricos rigorosos e desafiadores, a par do desenvolvimento de habilidades práticas altamente técnicas. Apesar do alto *status* em outros países desenvolvidos, como Alemanha e Holanda, a disparidade percebida entre os currículos acadêmicos e vocacionais na Inglaterra tem um histórico considerável. Esse debate continua, junto com diversas intervenções concebidas para abordar e fechar a "lacuna" e elevar o *status* da educação técnica e vocacional na Inglaterra, como a introdução das University Technical Colleges (UTCs), exploradas no Capítulo 2.

Então, embora haja algumas dificuldades para se chegar a uma única definição formal, alguns fatores comuns essenciais à educação vocacional são:

- o desenvolvimento de conhecimento, compreensão e habilidades relacionados a um contexto ou setor vocacional amplo ou mais específico;
- um currículo com foco ocupacional, exigindo aplicação prática de conhecimento e compreensão;
- ensino e treinamento que preparem os estudantes a aplicar seu aprendizado em contextos de trabalho.

>> CURIOSIDADE

Em 2011, pediu-se que a Professora Alison Wolf examinasse a educação vocacional na Inglaterra e investigasse seus benefícios.

O relatório apresenta diversos fatos importantes:

- Cerca de 2,5 milhões de jovens na Inglaterra têm entre 14 e 19 anos de idade, sendo que a vasta maioria está inserida em educação em turno integral ou parcial.
- A maioria dos jovens ingleses realiza algum curso vocacional antes dos 16 anos; após os 16, a maioria faz cursos ampla ou totalmente vocacionais.
- A educação vocacional abrange cursos e programas que ensinam habilidades importantes e valiosas em um padrão muito alto. Ela oferece uma rota direta para a educação superior.
- Muitos jovens de 16 e 17 anos alternam entre educação e emprego de curto prazo.
- Entre um quarto e um terço do grupo acima de 16 anos obtém qualificações vocacionais de nível baixo, a maioria com pouco ou nenhum valor no mercado de trabalho.
- Entre os jovens de 16 a 19 anos, o relatório estima que ao menos 350.000 obtêm pouco ou nenhum benefício do sistema educacional pós-16.

- Menos de 50% dos estudantes têm o certificado GCSE em inglês e matemática (com notas A*–C) no fim do Estágio Principal 4 (15/16 anos); na idade de 18 anos, a cifra ainda fica abaixo de 50%. Apenas 4% do grupo consegue o certificado durante sua educação entre 16-18 anos.

- Muitos jovens de 14-19 anos da Inglaterra não conseguem progredir para um emprego seguro ou para ensino e treinamento de nível superior, com muitos concluindo os estudos sem habilidades que lhes permitam progredir em um momento futuro.

O Relatório Wolf fez diversas recomendações significativas, a fim de reformar a educação vocacional na Inglaterra. As recomendações afetam muitos profissionais de docência que hoje trabalham no setor de FE e Habilidades.

Qualificações vocacionais

Uma das recomendações do Relatório Wolf era rever o alto número de qualificações vocacionais disponíveis e como elas são acreditadas. Para o tutor de FE e Habilidades, a variedade e o número de qualificações podem ser estarrecedores no início, com cada uma delas tendo sua própria estrutura, orientação de entrega e modelo de avaliação.

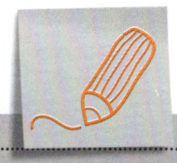

Agora é a sua vez!

Considere a sua própria instituição e a variedade de qualificações oferecidas. Liste todos os diferentes títulos de qualificação, níveis e organizações concedentes envolvidos. Identifique as principais características e diferenças.

Dependendo do tipo de organização em que se trabalha no Reino Unido, a lista de qualificações pode ser muito abrangente, especialmente no aprendizado laboral. Algumas organizações também oferecem programas não acreditados (programas que não levam a uma qualificação nacionalmente reconhecida). Um processo de reconhecimento e registro de progresso e realização (*recognising and recording progress and achievement* – RARPA) pode ser utilizado por muitas organizações que oferecem aprendizado não acreditado, como instituições de caridade, autoridades municipais e grupos comunitários. O Capítulo 5 explora mais o uso do modelo RARPA para planejar aprendizado vocacional.

Alterações das qualificações acreditadas são frequentes no setor de FE e Habilidades, e costuma ser muito difícil manter um bom conhecimento instrumental sobre os últimos desenvolvimentos e o impacto da política governamental. No entanto, é essencial manter-se a par das mudanças, uma vez que é muito provável que você trabalhe em um ambiente impulsionado por qualificações, ligado a financiamento público.

No Reino Unido, a maioria das qualificações com financiamento público é acreditada pelo Qualifications and Credit Framework (QCF) ou pelo National Qualifications Framework (NQF), sendo que ambos são regulamentados pelo Office for Qualifications and Examinations Regulation (Ofqual).

As qualificações do QFC são compostas de unidades, cada uma com um valor em créditos, de acordo com seu tamanho. Em geral, um crédito envolve cerca de dez horas de aprendizado. Unidades individuais compõem qualificações integrais, podendo ser um Grau (*Award*), um Certificado (*Certificate*) ou um Diploma (*Diploma*), dependendo do número de créditos atingido. Unidades e qualificações possuem um dado nível, dependendo do grau de dificuldade (desde o nível de entrada até o nível 8).

O National Qualifications Framework (NQF) também agrupa as qualificações com base no grau de dificuldade, desde o nível de entrada até o nível 8. O Ofqual fornece uma visão geral das diferentes qualificações e de como elas ficam em comparação com qualificações gerais, como GCSEs e níveis A. (Acesse https://www.gov.uk/what-different-qualification-levels-mean/compare-different-qualification-levels para consultar a tabela que compara os diferentes níveis de qualificação – site em inglês.)

Vamos examinar as principais semelhanças e diferenças entre cada uma e como isso afeta o modo como você ensina e avalia seus alunos.

» Aprendizados (*apprenticeships*)

Aprendizados dão experiência e treinamento laboral para maiores de 16 anos. Aprendizes são empregados que trabalham junto com funcionários experientes a fim de adquirir as habilidades de que precisam para o serviço. Eles também frequentam treinamento regular (muitas vezes, a um dia de viagem do seu trabalho) para desenvolver conhecimento e compreensão subjacentes.

Os aprendizados podem levar de um a quatro anos para serem concluídos, dependendo do nível de estudo. Uma "estrutura de aprendizado" completa é composta de diversas qualificações, dependendo do nível e do aprendizado prévio existente. Isso normalmente inclui uma qualificação baseada em competência (como um NVQ), uma qualificação baseada em conhecimento (como um certificado técnico laboral) e habilidades funcionais em matemática e inglês. Os aprendizes também desenvolvem suas habilidades mais amplas em relação a direitos e deveres trabalhistas e habilidades pessoais de aprendizado e pensamento (*personal learning and thinking skills* – PLTS).

» Principais dados

- Os alunos adquirem habilidades específicas do serviço.
- Os alunos recebem salário e férias remuneradas.
- Os alunos recebem treinamento e obtêm uma variedade de qualificações que compõem a estrutura do aprendizado.
- Há programas de aprendizes disponíveis em três níveis diferentes: Intermediário (Nível 2), Avançado (Nível 3) e Superior (Nível 4), em uma ampla variedade de áreas, incluindo:
  - Agricultura, horticultura e zootecnia
  - Arte, mídia e edição
  - Negócios, administração e direito
  - Construção, urbanismo e ambiente construído
  - Educação e treinamento
  - Engenharia e tecnologias de produção
  - Saúde, serviços públicos e tratamento
  - Tecnologia da informação e da comunicação
  - Lazer, viagem e turismo
  - Varejo e comércio

Saiba mais em www.apprenticeships.org.uk.

» Programas de *trainee* (*traineeships*)

Em agosto de 2013, o Reino Unido introduziu, como uma preparação para o programa de aprendiz, os programas de *trainee* que auxiliam jovens (16-19 anos e jovens com dificuldades de aprendizado até 25 anos) a desenvolver as habilidades de que precisam para obter um emprego e progredir nele.

Os programas de *trainee* são direcionados a jovens que:

- não têm um emprego no momento e que têm pouca experiência profissional, mas que estão focados em trabalho ou na perspectiva de trabalhar;
- têm qualificação inferior ao Nível 3; e
- no julgamento dos docentes e empregadores, possuem uma chance razoável de estar prontos para um emprego ou programa de aprendiz dentro de seis meses após entrar no programa de *trainee*. Concluídos em seis meses, os programas de *trainee* dão aos alunos uma considerável oportunidade de trabalho (entre seis semanas e cinco meses), com uma entrevista garantida após o fim do estágio. Esses programas contam com treinamento em habilidades laborais e suporte em língua inglesa e matemática, a fim de desenvolver as habilidades dos alunos para que eles progridam rapidamente para um programa de aprendiz ou obtenham outro emprego.

» Qualificações laborais

Qualificações laborais são concebidas para desenvolver o conhecimento, a compreensão e as habilidades dos alunos em um setor específico de emprego – por exemplo, administração e finanças ou saúde e assistência social. As qualificações são práticas, incluindo diversas unidades para dar aos alunos uma compreensão ampla das indústrias dentro de um setor específico.

Qualificações laborais populares incluem BTECs e OCR Nationals. BTECs (nome derivado da organização fundadora, Business and Technology Education Council) são concedidos pela organização concedente Edexcel, parte do Pearson Education Group. BTECs estão disponíveis como parte do QCF NQF, podendo ser avaliados por meio de trabalho curricular ou alguma nova avaliação externa. Mais informações sobre a avaliação das qualificações vocacionais são exploradas nos Capítulos 7 e 8.

Os OCR Nationals também são qualificações relevantes para a indústria oferecidas em diversos níveis, sendo geralmente obtidos por alunos de escolas, faculdades e fornecedores de treinamento. As qualificações laborais oferecem uma progressão por uma grande variedade de níveis. Descubra mais em: www.edexcel.com/BTEC e www.ocr.org.uk/qualifications/by-type/ocr-nationals.

» National Vocational Qualifications (NVQs)

NVQs são qualificações flexíveis baseadas em competências, fundamentadas nos padrões ocupacionais do Reino Unido de cada função profissional específica. Elas costumam ser feitas no local de trabalho ou em ambientes que simulam o ambiente de trabalho. Os alunos são avaliados quanto à sua capacidade de demonstrar suas habilidades na realização de tarefas específicas do serviço. Anexa-se um portfólio para comprovar que o aluno é competente em relação aos padrões mínimos exigidos.

Como tutor ou profissional atuante em FE e Habilidades, parte do seu papel talvez seja de avaliador, emitindo juízos sobre a capacidade do seu aluno de satisfazer os padrões exigidos para cada unidade em uma qualificação NVQ.

Uma variedade imensa de carreiras é contemplada pelos NVQs, incluindo:

Assessoria e orientação	Cabeleireiro e barbeiro
Avaliação e garantia da qualidade	Saúde e segurança
Avaliação e fiscalização de graus	Armazenagem
Produção de bebidas alcoólicas	Operações de lavanderia
Negócios e administração	Logística e operações de distribuição
Limpeza	Habilidades com carne bovina e de galináceos
Tratamento de custódia	Orientação financeira
Atendimento ao cliente	Transporte rodoviário de passageiros
Condução de veículos de mercadorias	Segurança
Produção de alimentos	Televendas
Operações de jogo	Depósitos e armazenagem

Exemplos de NVQ incluem o City and Guilds Level 2 Award in Cleaning and Support Services Skills ou o NCFE Level 2 NVQ Certificate In Team Leading.

» Vocationally Related Qualifications (VRQs)

Ao contrário das qualificações baseadas em competências, as Vocationally Related Qualifications (VRQs) são qualificações relacionadas a uma área ocupacional específica, proporcionando aos alunos o conhecimento teórico por trás da sua ocupação escolhida. Elas podem ser feitas por alunos que já trabalham na indústria ou que esperam mudar de carreira ou ingressar em um emprego no setor.

Os alunos frequentemente são avaliados por meio de trabalhos e projetos escritos, a fim de comprovar o desenvolvimento dos seus níveis de conhecimento e compreensão.

❯❯ Níveis A aplicados e GCSEs aplicados

Os GCSEs e níveis A estão sujeitos a modificações, mas são qualificações gerais conhecidas, normalmente avaliadas por meio de um exame ou uma associação de exame e trabalho curricular. Versões aplicadas de alguns GCSEs e níveis A vocacionais foram desenvolvidas para dar aos alunos uma introdução ampla a uma área vocacional específica – por exemplo, estudos do lazer ou artes performáticas.

❯❯ Technical Baccalaureate (*TechBacc*)

Introduzido a partir de setembro de 2014, o Technical Baccalaureate compreende três elementos principais:

- uma qualificação vocacional de Nível 3 de alta qualidade;
- uma qualificação em matemática fundamental de Nível 3, incluindo matemática de nível AS;
- um projeto extenso – a fim de desenvolver e testar as habilidades dos estudantes em escrita extensiva, comunicação, pesquisa, disciplina e automotivação.

Espera-se que o Technical Baccalaureate eleve o *status* da educação e das qualificações vocacionais e técnicas de Nível 3, dando aos alunos oportunidades de progredir a um programa de aprendizado de nível superior, a um emprego ou à universidade.

A variedade de qualificações põe em evidência o amplo leque de áreas vocacionais cobertas. Lucas, Spencer e Claxton (2012: 36) sugerem que pode ser útil classificar esse leque de matérias em três categorias gerais:

Materiais físicos	Pedreiro, encanador, cabeleireiro, maquiador
Pessoas	Enfermagem, hotelaria, varejo, tratamento, assessoria financeira
Símbolos	Jornalismo, desenvolvimento de *software*, *design* gráfico, contabilidade

O Office for Standards in Education (Ofsted) divide as matérias em 15 áreas de matéria setorial (*sector subject areas* – SSA) a fim de gerenciar o processo de fiscalização. A Tabela 1.1 evidencia a proeminência da educação vocacional no setor de FE e Habilidades.

Tabela 1.1 » Matérias por área setorial

Área de matéria setorial (SSA)	
1. Saúde, serviços públicos e tratamento	1.1 Medicina e odontologia
	1.2 Enfermagem e matérias e vocações aliadas à medicina
	1.3 Saúde e assistência social
	1.4 Serviços públicos
	1.5 Desenvolvimento e bem-estar da criança
2. Ciência e matemática	2.1 Ciência
	2.2 Matemática e estatística
3. Agricultura, horticultura e zootecnia	3.1 Agricultura
	3.2 Horticultura e silvicultura
	3.3 Zootecnia e veterinária
	3.4 Preservação ambiental
4. Engenharia e tecnologias de produção	4.1 Engenharia
	4.2 Tecnologias de produção
	4.3 Operação e manutenção de transporte
5. Construção, urbanismo e ambiente construído	5.1 Arquitetura
	5.2 Construção
	5.3 Urbanismo e planejamento rural e regional
6. Tecnologia da informação e da comunicação	6.1 Profissionais de ICT
	6.2 ICT para usuários
7. Varejo e comércio	7.1 Varejo e atacado
	7.2 Armazenamento e distribuição
	7.3 Empresas de serviços
	7.4 Hotelaria e alimentação
8. Lazer, viagem e turismo	8.1 Esporte, lazer e recreação
	8.2 Viagem e turismo

(Continua)

Tabela 1.1 » Matérias por área setorial *(Continuação)*

9. Arte, mídia e edição	9.1 Artes performáticas
	9.2 Artesanato, artes criativas e *design*
	9.3 Mídia e comunicação
	9.4 Edição e serviços de informação
10. História, filosofia e teologia	10.1 História
	10.2 Arqueologia e ciências arqueológicas
	10.3 Filosofia
	10.4 Teologia e estudos religiosos
11. Ciências sociais	11.1 Geografia
	11.2 Sociologia e políticas sociais
	11.3 Política
	11.4 Aspectos econômicos
	11.5 Antropologia
12. Línguas, literatura e cultura	12.1 Línguas, literatura e cultura das Ilhas Britânicas
	12.2 Outras línguas, literaturas e culturas
	12.3 Linguística
13. Educação e treinamento	13.1 Docência e palestras
	13.2 Suporte direto ao aprendizado
14. Preparação para a vida e o trabalho	14.1 Fundamentos de aprendizado e vida
	14.1 Fundamentos de inglês
	14.1 Fundamentos de matemática
	14.1 Fundamentos de inglês e matemática
	14.2 Preparação para o trabalho
	14.2 Fundamentos de aprendizado
15. Negócios, administração e direito	15.1 Contabilidade e finanças
	15.2 Administração
	15.3 Gestão de negócios
	15.4 *Marketing* e vendas
	15.5 Direito e serviços jurídicos

>> Agora é a sua vez!

1. Considere a sua própria área vocacional e explore a variedade de diferentes qualificações certificadas disponíveis.
2. Pesquise o debate atual sobre o tipo de qualificação vocacional em que você leciona. Existem propostas de mudança do conteúdo ou estrutura do programa? Que impactos isso terá na satisfação das necessidades dos seus alunos e na administração da sua carga de trabalho?

>> ESTUDO DE CASO

Esta é Gwen, uma assistente social de 60 anos.

Eu saí da escola com 15 anos e praticamente nenhuma qualificação. Eu gostava da escola, mas não tinha jeito para o estudo. Abandonei a escola e fui trabalhar como auxiliar em uma fábrica da região, passando, então, para um trabalho de varejo na Marks and Spencer. O treinamento que nós recebemos era muito bom, embora não houvesse qualificações formais. Depois de largar o trabalho para criar três filhos, eu acabei voltando a trabalhar em meio turno como merendeira. Era muito agradável, mas só havia trabalho em meio turno, e eu estava buscando mais renda.

Acabei passando para um trabalho de assistente de cuidados em um lar da terceira idade. O trabalho era duro, mas muito gratificante. Houve uma mudança na lei, e todo mundo precisava ter uma qualificação para continuar trabalhando. O meu empregador pediu que eu fizesse um NVQ2 em Saúde e Assistência Social. Eu me lembro de me sentir muito ansiosa por ter que preencher formulários e ir à faculdade. No fim, nem tive que ir para a faculdade. Indicaram-me uma avaliadora que me visitava regularmente no lar. Ela ficava me observando enquanto eu realizava meus deveres e preenchia registros de observação. Nós também tínhamos "conversas profissionais", em que ela me fazia perguntas sobre o que eu faria em diferentes situações, quais equipamentos eu usaria e quais políticas eu teria que seguir.

Eu tinha que manter um portfólio e fazer uns pequenos estudos de caso. Fiquei fascinada ao perceber todo o conhecimento e experiência que eu tinha acumulado ao longo dos anos e o quanto conseguia escrever! Eu comecei a gostar do meu aprendizado, aguardando a visita da minha avaliadora. Bem, eu fui aprovada no meu Nível 2. Após ser incentivada pela minha avaliadora, decidi passar direto para minha qualificação Nível 3. Fiquei muito orgulhosa ao receber uma certificação formal da minha conquista. Eu a mostrei ao meu filho, que me comprou uma pasta para eu guardar meus certificados. Comecei a colecionar vários deles após concluir diferentes cursinhos em primeiros socorros, transporte e manejo, manuseio seguro de medicamentos e higiene alimentar. Eu me dei conta de que a educação era para mim e que eu poderia ter sucesso. O formato flexível do curso NVQ permitiu que eu obtivesse crédito pelo que eu já sabia e pelas habilidades que utilizava todos os dias.

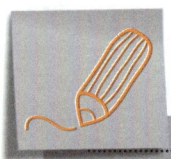

Agora é a sua vez!

O formato da qualificação NVQ oferecia a Gwen flexibilidade no seu agitado dia de trabalho. Que experiências e barreiras ao aprendizado os seus alunos trazem consigo e como você planeja o seu ensino para satisfazer essas necessidades?

A partir do espectro diversificado de qualificações, organizações concedentes e modelos, é fácil entender que o cenário da educação vocacional pode ser confuso para alunos, tutores e pais. A ementa de cada qualificação estabelece o conteúdo a ser coberto (o que precisa ser aprendido) e o que será avaliado e como. O planejamento do aprendizado para satisfazer essas especificações será explorado mais a fundo no Capítulo 5.

A variedade de matérias vocacionais a serem ensinadas mais uma vez evidencia que muitos profissionais atuantes e tutores do setor de FE devem ter duas características: ser profissional atuante de ensino e especialista na matéria. O Institute for Learning (IfL) salienta a importância de se atualizar profissionalmente por meio do desenvolvimento profissional contínuo de habilidades de docência e treinamento e de competências específicas da matéria. A Figura 1.1 ressalta diversos impulsionadores potenciais para o desenvolvimento profissional de profissionais atuantes e tutores vocacionais.

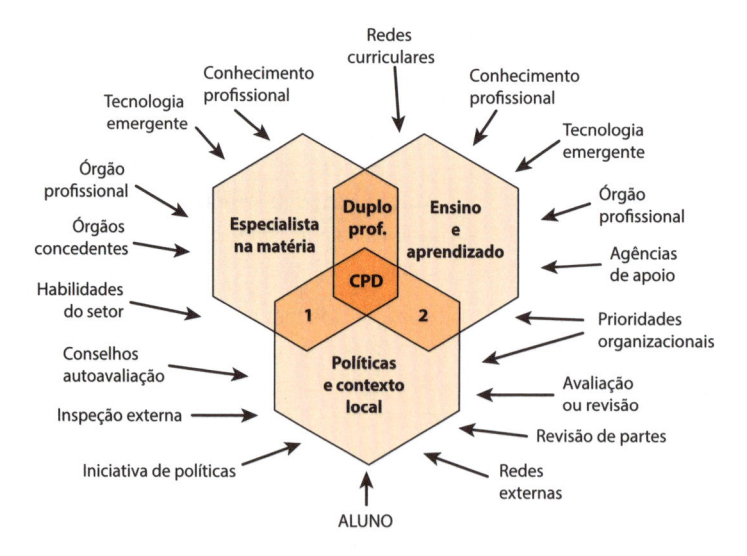

Figura 1.1 As duas características-chave de um profissional de ensino e treinamento vocacionais e seu impacto sobre o modelo de desenvolvimento profissional contínuo (CDP):
1. refere-se ao CPD a partir da especialidade na matéria;
2. refere-se ao CPD a partir do ensino, e tanto 1 quanto 2 se referem ao contexto em que você trabalha.
(Disponível em: http://www.ifl.ac.uk/_data/assets/pdf_file/0011/5501/J11734-IfL-CPD-Guidelines-08.09-web-v3.pdf)

Tabela 1.2 » Conselhos e órgãos de habilidades e organizações regulamentadoras do setor

Conselhos e órgãos de habilidades e organizações regulamentadoras do setor	Cobertura setorial
Asset Skills http://www.assetskills.org	Imóveis, moradia, serviços de limpeza, gerenciamento de estacionamento e instalações
Cogent www.cogent-ssc.com	Indústria de biociências, química, nuclear, óleo e gás, petróleo e polímeros
CITB www.citb.co.uk	Construção
Creative and Cultural Skills www.ccskills.org.uk	Artesanato, herança cultural, *design*, literatura, música, artes plásticas e performáticas
e-skills UK www.e-skills.com	Tecnologia da informação e telecomunicações
Energy and Utility Skills www.euskills.co.uk	Indústrias de eletricidade, gás, gestão de resíduos e água
Financial Skills Partnership www.financialskillspartnership.org.uk	Setores de serviços financeiros, finanças e contabilidade
Improve www.improveltd.co.uk	Produção e processamento de alimentos e bebidas
Institute of the Motor Industry www.theimi.org.uk	A indústria de motores para o varejo
Lantra www.lantra.co.uk	Indústrias ambientais e baseadas na terra
People 1st www.people1st.co.uk	Hospitalidade, lazer, transporte de passageiros, viagem e turismo Para mais informações, leia: http://www.people1st.co.uk/hidden-section/Talent/2011/ July-2011/People-1st-And-GoSkills-Are- Officially-One
Proskills UK www.proskills.co.uk	Indústria de processos e produção
SEMTA www.semta.org.uk	Ciência, engenharia e tecnologias de produção (incluindo compósitos)

(Continua)

(Continuação)

Tabela 1.2 ›› **Conselhos e órgãos de habilidades e organizações regulamentadoras do setor**

Skills for Care and Development www.skillsforcareanddevelopment.org.uk	Serviços para primeira infância, crianças e jovens e trabalho e assistência social para adultos e crianças
Skills for Health www.skillsforhealth.org.uk	O setor da saúde em todo o Reino Unido
Skills for Justice www.sfjuk.com	Segurança comunitária; juizados, tribunais e promotoria; custódia; defesa civil; perícia; fiscalização; serviços jurídicos; administração e suporte a criminosos; policiamento; atendimento a vítimas, sobreviventes e testemunhas; direito do menor e trabalho infantil
Skills for Logistics www.skillsforlogistics.org	Indústria de logística de frete e atacado
SkillsActive www.skillsactive.com	Lazer ativo, aprendizado e bem-estar
Creative Skillset www.creativeskillset.org	Transmissão, moda e têxtil, cinema, vídeo, mídia interativa, foto, edição e publicidade
SummitSkills www.summitskills.org.uk	Serviços de construção, engenharia
Skills CFA www.skillscfa.org	Negócios e administração
Habia www.habia.org	Cabelo, beleza, manicure, terapia em spa, barbearia e cabeleireiro afro-caribenho
Sea Fish Industry Authority www.seafish.org	Indústria de frutos do mar do Reino Unido
Institute of Customer Service www.instituteofcustomerservice.com	Serviço de atendimento ao cliente
Management Standard Centre www.management-standards.org	Gestão e liderança
Skills for Security www.skillsforsecurity.org.uk	Área da segurança
Skills Third Sector www.skills-thirdsector.org.uk	Instituições de caridade, empreendimentos sociais e voluntariado

Pedagogia vocacional?

Dada a distinção entre qualificações gerais e vocacionais, a educação vocacional exige um modo específico ou distinto de ensinar? A palavra "pedagogia" frequentemente é usada para tentar descrever a arte e a ciência do ensino. Derivando do grego "guiar a criança", o modo como abordamos o ensino e o aprendizado pode ser descrito como nossa pedagogia.

Pode-se dizer que muitas matérias gerais, como GCSEs e níveis A tradicionais, são lecionadas seguindo um estilo semelhante de "sala de aula" tradicional, levando até o exame final, ou somativo. Os tutores trabalham duro para cobrir o conteúdo necessário do plano de ensino e preparar os alunos para responder às perguntas do exame da melhor maneira possível, a fim de obterem as melhores notas. Dado o foco da educação vocacional no mundo real do trabalho e em competência em habilidades práticas e aplicadas fundamentada em conhecimento e compreensão específicos da matéria, os profissionais atuantes e tutores precisam assumir uma abordagem vocacional particular ao ensino, ao aprendizado e à avaliação.

Em seu relatório "It's all about work...", a Commission on Adult Vocational Teaching and Learning (CAVTL, 2013) identificou oito características distintivas do ensino e aprendizado adulto, ou "pedagogia vocacional":

1. por meio da combinação de prática sustentada e compreensão da teoria, desenvolve-se *expertise* ocupacional;

2. características relacionadas ao trabalho são centrais para o desenvolvimento de *expertise* ocupacional;

3. a resolução de problemas práticos e a reflexão crítica sobre a experiência, incluindo o aprendizado a partir de erros em ambientes reais e simulados, são centrais para o ensino e aprendizado vocacional eficaz;

4. o ensino e aprendizado vocacional é mais eficaz quando é colaborativo e contextualizado, ocorrendo dentro de comunidades de prática envolvendo diferentes tipos de "professor" e valendo-se da experiência e do conhecimento de todos os alunos;

5. a tecnologia desempenha um papel vital, pois se manter a par dos avanços tecnológicos é uma parte essencial da *expertise* ocupacional necessária em qualquer local de trabalho;

6. ele exige uma variedade de métodos de avaliação e *feedback* que envolvam tanto os "professores" quanto os alunos, refletindo as culturas de avaliação específicas de diferentes ocupações e setores;

7. ele se beneficia, muitas vezes, da operação em mais de um ambiente, incluindo um local de trabalho real ou simulado, assim como a sala de aula e a oficina, para desenvolver a capacidade de aprender e aplicar esse aprendizado em diferentes ambientes, assim como no trabalho;

8. padrões ocupacionais são dinâmicos, evoluindo para refletir avanços nas práticas de trabalho, e alcança-se transformação em qualidade e eficácia por meio de aprendizado coletivo.

Lucas, Spencer e Claxton (2012) identificam que a principal meta da educação vocacional é o desenvolvimento de "competência instrumental": a capacidade e *expertise* de fazer coisas habilmente dentro de um dado padrão em uma área vocacional específica. Isso é diferente do objetivo principal de uma educação geral e mais acadêmica, em que a principal meta é conseguir escrever e falar sobre uma coisa. Eles identificam seis resultados cruciais para desenvolver e compreender a competência instrumental.

1. *Expertise* rotineira (ser habilidoso).

2. Inventividade (parar para pensar a fim de lidar com o que não é rotineiro).

3. Habilidades literárias funcionais (comunicação e as habilidades funcionais de literatura, habilidades numéricas).

4. Capricho (sensibilidade vocacional; aspiração a fazer um bom trabalho; orgulho de um trabalho bem-feito).

5. Atitudes profissionais (tino comercial ou empreendedor – financeiro ou social).

6. Habilidades mais amplas de crescimento (para empregabilidade e aprendizado contínuo).

» Agora é a sua vez!

Considere a sua própria abordagem de ensino e treinamento. O seu trabalho prepara seus alunos para desenvolver os seis resultados da competência instrumental?

Pense em um exemplo do que você faria na sua prática para cada um dos seis resultados.

Por exemplo, como tutor de cabeleireiro, Danny prepara seus alunos para desenvolver *expertise* de rotina demonstrando uma variedade de cortes populares. Após praticar em algumas cobaias, os alunos desenvolvem sua *expertise* no salão de prática da faculdade, onde os clientes têm o benefício do baixo preço. Danny também está ali para dar suporte e desenvolver a confiança dos alunos em serem inventivos e lidarem com situações não rotineiras – por exemplo, quando um cliente possui uma necessidade especial, uma situação médica ou um pedido específico.

É muito importante que os alunos de Danny desenvolvam suas habilidades literárias funcionais. Eles precisam saber se comunicar com diversos de clientes de maneira profissional. Precisam saber operar tecnologia de escritório, lidar com dinheiro e fazer cálculos (p. ex., ao preparar soluções de tingimento). Danny tem altos padrões e desenvolveu uma boa reputação após muitos anos de salão próprio. Ele trabalha muito para ressaltar para seus alunos a importância do capricho, de dar atenção e ter orgulho de cada cliente, de incentivá-los a voltar e criar uma clientela fiel.

Danny também reconhece a necessidade de desenvolver as habilidades mais amplas dos alunos em percepção de negócios e comercial, para que eles sejam mais empregáveis e tenham mais sucesso em um mercado competitivo – habilidades como vendas incrementadas (p. ex., tratamentos extras e produtos para levar para casa), entrosamento em uma equipe eficiente, capacidade de avaliar e refletir sobre o próprio desempenho e estabelecer metas de desenvolvimento profissional futuro.

Um relatório que se seguiu a um estudo sobre educação vocacional eficaz (Faraday et al., 2011) identificou que há pouca evidência de diferenças fundamentais entre ensino e aprendizado vocacional e qualquer outro tipo de ensino e aprendizado, salvo o "contexto". Eles definem contexto como uma variedade de aspectos diferentes, incluindo:

- a natureza da matéria vocacional;
- o ambiente em que o ensino e aprendizado ocorre;
- objetivos e resultados desejados da sessão, mais a ementa da qualificação;
- a natureza dos alunos, seu nível e a maneira como eles aprendem melhor, incluindo seus estilos de aprendizado.

>> Agora é a sua vez!

Considere cada aspecto do contexto e aplique-os à sua própria situação. Como o ambiente onde você leciona afeta o modo como você ensina a sua matéria? Isso otimiza o aprendizado ou você se depara com restrições e barreiras ao modo como você gostaria de ensinar ou treinar?

Considere o contexto dos seus alunos. Como você descobre o conhecimento e a experiência prévios deles? Se forem alunos adultos, a sua experiência altera a maneira como você aborda o planejamento do aprendizado? Existem semelhanças ou diferenças na forma como ele gostam de aprender?

>> Andragogia vocacional? Uma teoria do aprendizado vocacional adulto

Quando se discutem abordagens à pedagogia vocacional, vale a pena considerar a obra amplamente debatida de Malcolm Knowles e sua teoria sobre aprendizado adulto informal. Knowles popularizou o debate em torno da "andragogia" e as questões a considerar quando se ensinam adultos, em oposição a crianças e jovens.

Knowles (1984) identificou cinco características principais dos alunos adultos:

1. Autoconceito: À medida que a pessoa amadurece, seu autoconceito passa de uma personalidade dependente à de ser um humano autodirecionado.

2. Experiência: À medida que a pessoa amadurece, ela acumula um reservatório cada vez maior de experiência, que se torna um recurso crescente de aprendizado.

3. Prontidão para aprender: À medida que a pessoa amadurece, sua prontidão para aprender se orienta cada vez mais às tarefas desenvolvimentais dos seus papéis sociais.

4. Orientação de aprendizado: À medida que a pessoa amadurece, sua perspectiva de tempo muda, passando de aplicação postergada do conhecimento para imediatez de aplicação, e, da mesma forma, sua orientação de aprendizado passa de centrada na matéria para centrada em problemas.

5. Motivação para aprender: À medida que a pessoa amadurece, a motivação para aprender passa a ser interna.

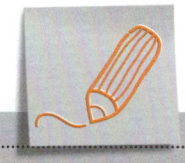

>> Agora é a sua vez!

Considere cada uma das cinco características principais dos alunos adultos. Quais implicações potenciais cada uma das características tem em relação à maneira como você planeja, entrega e avalia a sua matéria vocacional?

Pode ser que você tenha identificado algumas das considerações a seguir para a sua prática.

Os alunos são mais motivados e autônomos e conseguem ser alunos eficazes seguindo tarefas de estudo independentes, métodos de aprendizado *on-line* ou à distância e escolhendo tópicos, unidades ou módulos de interesse particular para eles ou para seus cenários profissionais. O esquema de trabalho ou plano curricular deve ter flexibilidade para satisfazer as necessidades e os interesses individuais dos alunos adultos que desejam aprender no seu próprio ritmo ou da sua própria maneira.

Muitos alunos adultos da educação vocacional podem estar trabalhando na matéria ou em torno dela há muitos anos, cada um tendo experiências valiosas para compartilhar, modos de lidar com problemas e de superar barreiras e dicas e truques de sucesso. As aulas devem proporcionar tempo para que essas experiências sejam valorizadas e compartilhadas.

Muitos alunos adultos da educação vocacional podem precisar enxergar muito claramente como seus estudos se ligam ao seu trabalho e como eles os ajudarão a resolver problemas e identificar soluções para questões cotidianas com que se deparam no local de trabalho.

Acreditando ou não que o ensino e aprendizado vocacional exige uma pedagogia ou andragogia específica para guiar nossa abordagem, parece claro que um foco no contexto da matéria, no mundo real de trabalho e no desenvolvimento das habilidades práticas e aplicadas dos nossos alunos é uma consideração apropriada para ensinar e treinar alunos de ensino e treinamento vocacionais.

Lucas, Spencer e Claxton (2012: 108) propõem uma abordagem útil em cinco etapas para considerar o modo como lecionamos a educação vocacional.

1. Tenha clareza sobre a meta da educação vocacional.

2. Compreenda a natureza da sua matéria.

3. Tenha clareza sobre a amplitude dos resultados desejados.

4. Compreenda a variedade de métodos de aprendizado que, reunidos, podem constituir a melhor combinação.

5. Tenha em mente os fatores contextuais, a natureza dos alunos, a *expertise* do "professor" e o ambiente de aprendizado.

>> PARA REFLETIR

Reflita sobre a sua própria visão a respeito da natureza da educação vocacional e se você acha que uma pedagogia específica é apropriada. Quais fatores você considera mais importantes ao se preparar para ensinar e treinar alunos de ensino e treinamento vocacionais?

O debate sobre o papel, o formato e a abordagem ao ensino da educação vocacional prosseguirá, e novas iniciativas, programas e qualificações continuarão sendo desenvolvidos. Exploramos esse panorama em constante mudança no próximo capítulo, e aconselhamos todos os profissionais práticos e tutores vocacionais a manter uma visão clara do papel fundamental que o ensino e treinamento vocacionais têm na satisfação das necessidades dos alunos e no desenvolvimento do conhecimento, da compreensão e das habilidades necessários para uma economia moderna e competitiva.

LEITURAS COMPLEMENTARES

CAVTL (Commission on Adult Vocational Teaching and Learning) (2013) *It's about work... Excellent Adult Vocational Teaching and Learning*. Londres: Learning and Skills Improvement Service.
Faraday, S, Overton, C e Cooper, S (2011) *Effective Teaching and Learning in Vocational Education*. Londres: LSN.
Gravells, A (2012) *Achieving your TAQA Assessor and Internal Quality Assurer Award*. Exeter: Learning Matters.
Lucas, B, Spencer, E e Claxton, G (2012) *How to Teach Vocational Education: A Theory of Vocational Pedagogy*. Londres: City and Guilds Centre for Skills Development.
Tummons, J (2007) *Becoming a Professional Tutor in the Lifelong Learning Sector*. Exeter: Learning Matters.

SITES

Centre for Real-World Learning: www.winchester.ac.uk/aboutus/lifelonglearning/CentreforRealWorldLearning
Centre for Skills Development: www.skillsdevelopment.org
City and Guilds: www.cityandguilds.com
Department for Education: www.education.gov.uk
Edexcel: www.edexcel.com
Institute for Learning: www.ifl.ac.uk
National Occupational Standards: http://nos.ukces.org.uk
Office of Qualifications and Examinations Regulation: http://ofqual.gov.uk
Register of Regulated Qualifications: http://register.ofqual.gov.uk/

REFERÊNCIAS

CAVTL (Commission on Adult Vocational Teaching and Learning) (2013) *It's about work... Excellent Adult Vocational Teaching and Learning*. Londres: Learning and Skills Improvement Service.
Faraday, S, Overton, C e Cooper, S (2011) *Effective Teaching and Learning in Vocational Education*. Londres: LSN.
Knowles, M e colegas (1984) *Andragogy in Action. Applying Modern Principles of Adult Education*. San Francisco: Jossey Bass.
Lucas, B, Spencer, E e Claxton, G (2012) *How to Teach Vocational Education: A Theory of Vocational Pedagogy*. Londres: City and Guilds Centre for Skills Development.
Ofqual (2013) *Qualification Levels – Comparison of Qualification Levels Between the NQF and QCF Frameworks*. Londres: Ofqual. Disponível em: http://ofqual.gov.uk/qualifications-and-assessments/ qualification-frameworks/levels-of-qualifications (acessado em 24 de agosto de 2013).
Richardson, W e Wiborg, S (2010) *English Technical and Vocational Education in Historical and Comparative Perspective. Considerations for University Technical Colleges*. Londres: Baker-Dearing Foundation.
Tummons, J (2007) *Becoming a Professional Tutor in the Lifelong Learning Sector*. Exeter: Learning Matters.

capítulo 2

O cenário em mudança

O sistema educacional do Reino Unido é complexo e dinâmico, está em constante mudança. A velocidade e o ritmo da mudança podem ser sentidos especialmente na área de ensino e treinamento vocacionais. Este capítulo explora alguns dos impulsionadores recentes da mudança e como a política governamental tem um impacto significativo na vida profissional cotidiana de tutores e profissionais atuantes em escolas, faculdades e em todo o setor de FE e Habilidades.

Objetivos de aprendizagem

» Identificar as políticas em mudança e o impacto na prática, incluindo qualificações, treinamento de tutores e o papel da experiência de trabalho.

» Relacionar os custos de mudanças e as oportunidades oferecidas por meio de bolsas de estudo e a expansão da HE (*higher education* – educação superior) dentro da FE.

» Reconhecer os contextos em mudança, incluindo a expansão das UTCs e das escolas-estúdios (*studio schools*).

» Reconhecer as mudanças no setor, envolvendo-se com organizações de apoio ao ensino e ao treinamento.

Em uma tentativa de aprimorar a qualidade do treinamento em FE e Habilidades, sucessivos governos britânicos encomendaram uma série de revisões e relatórios que exploram como tornar a educação vocacional mais eficiente e eficaz. Esses relatórios normalmente levam a uma série de recomendações que afetam o papel de muitos profissionais atuantes de ensino e treinamento vocacionais em diversos contextos. O setor de FE e Habilidades compreende mais de 220 faculdades de formação complementar, 900 tutores particulares de treinamento e cerca de 2.500 organizações de treinamento. O ensino e treinamento vocacionais também são realizados em um leque muito diverso de outras organizações, incluindo:

- escolas secundárias, academias e escolas livres;
- universidades;
- faculdades técnicas universitárias;
- *sixth-form colleges*;[1]
- faculdades de especialização;
- serviços públicos e de emergência;
- forças armadas;
- fornecedores de aprendizado laboral;
- voluntariado;
- fornecedores de aprendizado adulto e comunitário;
- aprendizado prisional e de criminosos.

>> Políticas em mudança

Em 2010, o governo do Reino Unido publicou dois documentos estratégicos, *Skills for Sustainable Growth (Habilidades para o Desenvolvimento Sustentável)* e *Investing in Skills for Sustainable Growth (Investimentos em Habilidades e Desenvolvimento Sustentável)*, que identificavam diversas reformas importantes na formação complementar de adultos com 19 anos ou mais. Após uma consulta pública e a publicação da Revisão da Educação Vocacional de Wolf, o documento estratégico *New Challenges, New Chances* esboçou os planos do governo para reformar o setor de FE e Habilidades.

---

[1] N. de R.T.: No sistema educacional britânico, *sixth-form* se refere aos últimos dois anos da educação secundária, em que estudantes, geralmente entre 16 e 18 anos, preparam-se para exames equivalentes ao nosso vestibular ou Enem. No Reino Unido, *sixth-form colleges* são considerados valiosos trampolins entre os mundos da educação regular e o ensino superior e emprego.

Mantendo-se atualizado com as mudanças, você garante que o seu planejamento de ensino, aprendizado e avaliação continuará satisfazendo as demandas do setor e do seu empregador e, o mais importante, as necessidades dos seus alunos.

» A Revisão da Educação Vocacional de Wolf

Como explorado no Capítulo 1, a revisão da educação vocacional na Inglaterra feita pela Professora Alison Wolf em 2011 identificou várias recomendações importantes, muitas das quais tiveram um impacto considerável em qualificações, financiamento e programas de estudo de alunos da educação vocacional.

As principais recomendações do relatório incluíam:

- incentivar os jovens a realizar as qualificações vocacionais pré-16 mais valiosas, ao mesmo tempo em que se eliminam os incentivos para realizar muitas qualificações vocacionais em detrimento do estudo acadêmico central;

- introduzir princípios para guiar programas de estudo para jovens em rotas vocacionais pós-16 para garantir que eles adquiram habilidades que levarão à progressão em uma variedade de serviços ou formação complementar, em particular para garantir que os que não obtiveram aprovação no GCSE de inglês e matemática continuem a estudar essas matérias;

- avaliar a estrutura de entrega e o conteúdo dos programas de aprendiz para que eles entreguem as habilidades certas para o local de trabalho;

- assegurar que a estrutura regulatória passe rapidamente de qualificações individuais acreditadas para organizações concedentes regulatórias;

- eliminar o requisito de que todas as qualificações oferecidas a jovens entre 14 e 19 anos se encaixem no Qualifications and Credit Framework, que vem tendo um efeito prejudicial sobre sua adequação e deixa lacunas no mercado;

- permitir que instrutores e profissionais de FE lecionem nas escolas, assegurando que os jovens tenham aulas com os profissionais mais adequados.

Em abril de 2012, o governo introduziu regulamentações para possibilitar que pessoas portadoras do *status* de Qualified Teacher Learning and Skills (QTLS) possam dar cursos vocacionais em escolas. Atualmente, o QTLS é concedido pelo Instituto for Learning (IfL) por meio de um processo de formação profissional em que palestrantes e treinadores qualificados demonstram como satisfazem os padrões profissionais esperados no setor.

O imenso número de qualificações vocacionais acreditadas é criticado, pois se considera que muitos não oferecem aos alunos o desafio e o rigor necessários para desenvolver conhecimento, habilidades e compreensão de que necessitam para progredir. A partir de setembro de 2013, todas as escolas pós-16, faculdades e fornecedores de treinamento laboral passaram a ser responsáveis por planejar a entrega de programas de estudo com base nas realizações anteriores dos alunos e nas suas aspirações educacionais e de carreira. Os programas de estudo vocacionais precisam incluir uma qualificação "substancial" de uma organização concedente aprovada.

Cada programa de estudo deve:

- proporcionar progressão para um nível maior do que a formação anterior dos alunos;
- incluir qualificações de tamanho e dificuldade suficientes para exigir esforços dos alunos e que estejam claramente ligadas a oportunidades adequadas de progressão em treinamento, emprego ou níveis superiores de educação;
- exigir que os alunos trabalhem em direção ao GCSE nota A*–C em matemática e inglês ou outra qualificação, como Habilidades Funcionais, que sirva como um ponto de apoio de uma realização;
- possibilitar experiência de trabalho significativa relacionada à área vocacional do programa de estudo, desenvolvendo habilidades de empregabilidade e/ou criando opções potenciais de emprego;
- incluir outras atividades não relacionadas a qualificações que desenvolvam as habilidades, atitudes e confiança que dão suporte à progressão.

» Agora é a sua vez!

Considere o seu próprio contexto profissional. Você ensina ou treina alunos com um programa de estudo específico? Você é responsável por quais aspectos do programa? Você acha que o programa desafia e prepara suficientemente seus alunos para progredir ao emprego ou ao estudo de nível superior?

» O valor da experiência de trabalho

Hoje, uma parte considerável dos programas de estudo dos alunos é um período de experiência de trabalho "significativa". Em vez de simplesmente executar tarefas básicas e braçais em um bloco padrão de duas semanas de estágio, a experiência deve ser valiosa e dar aos alunos uma excelente introdução ao mundo do trabalho em um setor específico.

O Department for Education (2013) ofereceu diretivas sobre como fazer com que os alunos recebam um estágio de experiência profissional de boa qualidade, seja experiencial (períodos curtos de experiência profissionais, explorando, às vezes, diferentes vocações por meio de visitas de estudo, envolvimento com empregadores e projetos) ou vocacional (experiência focada em uma área vocacional específica que contribua diretamente para os programas de estudo do aluno).

Experiência profissional significativa:

- tem finalidade, substância, oferece desafio e é relevante para o programa de estudo e/ou aspirações de carreira do jovem;
- é bem administrada, sob direção de um supervisor, a fim de assegurar que o aluno obtenha uma experiência de aprendizado genuína adequada às suas necessidades;
- garante que o tempo sejam bem empregado: o empregador elaborou um plano estruturado para o período do estágio que fornece resultados tangíveis para o aluno e o empregador;
- desde o início, proporciona clareza sobre os papéis, responsabilidades e expectativas do aluno e do empregador;
- é revisada no final: o empregador dá alguma forma de referência ou *feedback* com base no desempenho do jovem durante o período do seu estágio.

Agora é a sua vez!

Muitas qualificações vocacionais incluem o desenvolvimento de habilidades de empregabilidade por meio de experiência profissional. Seguidamente, solicita-se que os alunos planejem, participem e avaliem um período de experiência de trabalho específico do setor.

1. Explore a ementa das qualificações na sua matéria. Existe uma unidade de estudo que ajudaria a dar suporte e estrutura a um período de experiência de trabalho?
2. Quais você considera que sejam as dificuldades para garantir que todos os alunos consigam realizar um período de experiência de trabalho significativa em seu programa de estudo?

Alterações no financiamento dos programas de estudo levaram a um foco maior em educação empresarial em escolas e faculdades. Em especial, os alunos de programas vocacionais devem ter a oportunidade de participar de uma ampla gama de atividades empresariais, como visitas ao local de trabalho, *workshops* e projetos. O envolvimento com empregadores e empresas é discutido em detalhes no Capítulo 4.

Muitas das qualificações vocacionais diferentes exploradas no Capítulo 1 podem contribuir para um programa de estudos 16-19, incluindo programas de *trainee* e aprendiz e qualificações laborais. Tradicionalmente, muitas qualificações laborais, como BTECs, eram avaliadas internamente por meio de trabalhos curriculares. Uma recomendação do Relatório Wolf para melhorar o rigor de muitas qualificações vocacionais inclui a introdução de um elemento de avaliação externa, como um exame. A avaliação vocacional é explorada no Capítulo 7.

» A Revisão de Richard dos Aprendizados

A forma de educação e treinamento vocacional chamada de "aprendizado" (*apprenticeship*) é conhecida há muitos anos. Geralmente associada com profissões manuais, como pedreiro, carpinteiro, marceneiro, encanador e eletricista, a realização de um aprendizado era historicamente vista como uma sólida opção prática de progresso para muitos que deixavam a escola.

Após diversos governos, a forma e o conteúdo dos aprendizados mudaram drasticamente. Mais recentemente, o número dos aprendizados se expandiu. Existem mais de 100.000 empregadores oferecendo cerca de 250 modelos de aprendizado em 1.200 funções. Atualmente, há aprendizados disponíveis em diferentes níveis, cobrindo um grande leque de ocupações, como enfermagem odontológica, *design* gráfico, horticultura, engenharia de veículos verdes e mídia criativa e digital.

Em novembro de 2012, o governo encomendou do empreendedor Doug Richard uma revisão completa dos aprendizados. A sua revisão fez diversas recomendações que estão sendo usadas para remodelar o formato e elevar o *status* dos programas de aprendizado na Inglaterra. As suas recomendações incluem:

- Redefinir os aprendizados – de forma que eles se dirijam apenas a quem é novo em um serviço ou uma função que exige treinamento contínuo e substancial. O treinamento daqueles que já estão em serviço é classificado como treinamento vocacional.

- Enfocar o resultado do aprendizado – o que o aprendiz sabe fazer ao concluir seu treinamento – e tirar o foco do processo por meio do qual eles chegam lá. A avaliação confiável e independente é vista como essencial.

- Padrões industriais reconhecidos devem constituir a base de todo aprendizado.

- Todos os aprendizes devem atingir um bom nível em inglês e matemática para poderem concluir o aprendizado.

- O financiamento governamental precisa criar os incentivos corretos para o treinamento de aprendizes. O poder aquisitivo para investir no treinamento de aprendizes deve ficar por conta do empregador.

- Maior diversidade e inovação no treinamento – com empregadores e governo salvaguardando a qualidade.

> **PARA REFLETIR**
>
> Você está envolvido no ensino e treinamento de alunos em programas de aprendiz? Você acha que os programas de aprendiz são de alta qualidade e atraem o *status* de cursos que seguem rotas mais "acadêmicas", progredindo para programas de formação universitária?

Profissionalismo na formação complementar

O *status* e a natureza profissional dos profissionais e tutores do setor de FE e Habilidades há muito é tópico de discussão. Por muitos anos, palestrantes de FE foram empregados em termos e condições muito diferentes dos de professores do ensino regular. A natureza de ser "qualificado" para ensinar no setor também passou por uma mudança considerável.

Após a introdução do *status* Qualified Teacher Learning and Skills (QTLS), muitos profissionais de educação vocacional desfrutaram do reconhecimento de um *status* qualificado formal, concedido pelo Institute for Learning (IfL) após um processo de "formação profissional".

Em outubro de 2012, o relatório final do painel de revisão independente foi publicado. *Professionalism in Further Education*, presidido por Lord Lingfield, estabelece diversas recomendações para reformar e simplificar os arranjos da educação inicial dos professores de FE. Essas alterações estão sendo implantadas, incluindo a introdução de novas qualificações de treinamento de professores, uma revisão dos padrões profissionais de FE e o impacto da Education and Training Foundation. As regulamentações de 2007 que exigiam que os professores e treinadores de FE possuíssem qualificações reconhecidas de ensino foram revogadas em setembro de 2013, embora a maioria dos cursos ainda insista que os tutores concluam uma qualificação.

As novas qualificações para profissionais de FE e Habilidades substituem aquelas anteriormente conhecidas como PTTLS, CTLLS e DTLLS, incluindo três qualificações genéricas de treinamento inicial de professores (ITT), um Award in Education and Training Nível 3, um Certificate in Education and Training Nível 4 e um Diploma in Education and Training Nível 5. Também existem qualificações de especialista em Nível 5 para quem ensina inglês (alfabetização), ESOL (inglês para estrangeiros), matemática e alunos com necessidades especiais.

Os educadores têm a oportunidade de realizar qualificações ITT por meio de uma organização concedente (p. ex., City and Guilds, Edexcel [Pearson] ou Ascentis) ou, para os que estudam nos níveis superiores, por meio de um centro universitário.

> **» PARA REFLETIR**
>
> Como especialista vocacional, é provável que você tenha muita experiência e seja altamente qualificado na sua matéria de especialidade. Tornar-se um educador da sua matéria leva a um novo papel de profissional duplo, como discutido no Capítulo 1.
>
> Dentro do seu papel educacional, você é qualificado, está realizando uma qualificação ou não é qualificado? Você sente que deveria ser exigido que você concluísse uma qualificação em educação e treinamento a fim de ensinar a sua matéria vocacional?

» Mudança de custos

Com os custos da educação superior sempre aumentando, muitos alunos estão buscando opções de estudo mais em conta, incluindo cursos superiores da FE[2]. Muitas instituições atualmente estão oferecendo diversos programas de estudo para cursos de educação superior em matérias vocacionais, incluindo certificados e diplomas superiores (HNC/Ds) e graus fundacionais (*foundation degrees*). A oportunidade de estudar mais localmente, em grupos pequenos com palestrantes acessíveis e com uma mensalidade mais barata do que as das universidades significa que a educação superior na FE é uma área significativa de crescimento.

No Reino Unido, agora existem financiamentos para ajudar alunos com 24 anos ou mais a pagar as taxas cobradas por faculdades e fornecedores de treinamento por cursos de nível superior de Nível 3 e Nível 4 ou por Aprendizados Avançados e Superiores.

Parecido com o esquema de empréstimo estudantil de ensino superior, os alunos só precisam devolver o empréstimo quando estiverem ganhando mais de £ 21.000 por ano. Muitas vezes, também existe um fundo de bolsa para auxiliar os alunos com custos de moradia e creche.

---

[2] N. de R.T.: Equivalentes aos nossos cursos superiores tecnológicos, que, diferentemente dos cursos superiores tradicionais, costumam ser mais em conta e ter duração menor, entre 2 e 3 anos.

Mudança de contextos

Da mesma forma como as mudanças nas políticas e no financiamento, o lugar onde os alunos podem cursar programas de ensino e treinamento vocacionais também mudou. O setor de FE e Habilidades já é muito diversificado, com colegas trabalhando em uma grande variedade de organizações públicas, privadas, voluntárias e de caridade. Agora existem mais opções do que nunca para o aluno da educação vocacional, com muitas escolas secundárias oferecendo opções do 9º ano (13 anos de idade) em diante.

University Technical Colleges

Em dezembro de 2011, mais de 30 University Technical Colleges (UTCs – www.utcolleges.org) foram fundadas na Inglaterra, provendo uma variedade de estudos práticos e acadêmicos para alunos entre 14 e 19 anos. Agora existe aprovação para 45 UTCs. Cada UTC é patrocinada por uma universidade, especializando-se em duas áreas distintas, como, por exemplo, engenharia, *design* de produto, ciências da saúde, construção e serviços ambientais e de terras.

Combinando o suporte de empregadores locais e o rigor acadêmico do parceiro universitário, as qualificações fornecidas pelas UTCs podem ser bem conceituadas e oferecer claras rotas de progressão para a educação superior e formação complementar no trabalho.

Studio schools

As *studio schools*, desenvolvidas pelo Studio Schools Trust (www.studioschoolstrust.org) em parceria com o Department for Education e instituições educacionais locais e nacionais, são pequenas escolas com cerca de 300 alunos. Mais de 40 *studio schools* na Inglaterra oferecem qualificações comuns (incluindo GCSEs, níveis A e qualificações vocacionais e profissionais) ligadas ao mundo do trabalho, concentrando-se no desenvolvimento da empregabilidade e das habilidades de vida exigidas pelos empregadores.

Como as UTCs, muitas também possuem uma especialidade ligada à sua base de empregadores locais, incluindo tecnologias criativas e digitais, Ciência, Tecnologia, Engenharia e Matemática (STEM), assistência social e de saúde e esporte. Os alunos de uma *studio school* desenvolvem empregabilidade e habilidades de vida por meio do modelo de habilidades CREATE:

Comunicação (***Communication***): Conseguir transmitir informações e ideias de forma que elas sejam recebidas e compreendidas pelos outros.

Relação com as pessoas (*Relating to people*): Conseguir interagir com os outros em uma diversidade de papéis e situações.

Empreendimento (*Enterprise*): Desenvolver, implementar e aprender com ideias.

Habilidades aplicadas (*Applied skills*): Conseguir aplicar habilidades eficientemente a uma variedade de situações e contextos.

Habilidades de pensamento (*Thinking skills*): Conseguir processar ideias para emitir juízos ponderados e resolver problemas.

Inteligência emocional (*Emotional intelligence*): Compreender e gerenciar as emoções próprias e alheias.

» *Enterprise academies*

Fundados em 2009 por Peter Jones CBE, empreendedor e estrela do programa de empreendedorismo da BBC *Dragons' Den*, mais de 38 fornecedores de educação estão oferecendo cursos vocacionais em empreendedorismo e empregabilidade por meio de academias empreendedoras (www.pjea.org.uk). Cada academia trabalha de perto com empresas regionais e nacionais a fim de desenvolver as habilidades dos alunos para progredir e ter sucesso no mundo dos negócios.

Os alunos, tanto jovens quanto adultos, podem escolher dentre uma variedade de diferentes cursos empresariais e de empreendedorismo, incluindo BTECs, cursinhos e aprendizados em diferentes níveis. Os cursos são complementados por diversas atividades laborais e experiências, incluindo:

- *master classes*;
- experiência de trabalho;
- aprendizado empreendedor;
- desafios de negócio;
- *workshops*;
- visitas a empresas;
- bolsas.

» Ensino misto e à distância

À medida que muitas instituições buscam atingir eficiência em seus modelos curriculares tradicionais à luz de desafiadores modelos de financiamento, cada vez mais instituições estão explorando o papel das oportunidades de ensino a distância e misto. Ensino misto (semipresencial) é uma combinação do ensino tradicional presencial com aprendizado *on-line*, muitas vezes oferecido por meio de um ambiente virtual de aprendizagem (*virtual learning environment*, VLE), como Moodle ou Blackboard. (Acesse http://blackboard.grupoa.com.br/ para saber mais sobre a Blackboard).

As opções de ensino misto e *on-line* oferecem diversas vantagens (assim como desafios) aos profissionais e suas instituições. O Joint Information Systems Committee (JISC, 2010) ressalta que um aprendizado *on-line* eficaz bem utilizado possui vários benefícios para os alunos. Ele:

- envolve os alunos no processo de aprendizado;
- incentiva habilidades de aprendizado independente;
- desenvolve as habilidades e os conhecimentos dos alunos;
- motiva o aprendizado complementar.

Quando bem aproveitadas, as oportunidades de aprendizado misto podem também otimizar a qualidade e a acessibilidade de muitos programas de educação vocacional, possibilitando que os alunos trabalhem em casa, tenham acesso a recursos multimídia ricos e envolventes e aprendam de uma maneira multimodal. O ensino misto e *on-line* de boa qualidade pode ter consequências significativas nos níveis de motivação e envolvimento dos alunos, tópicos explorados mais a fundo no Capítulo 3.

Como professor, você também terá que estar ciente das suas próprias habilidades e competências relacionadas ao aprendizado *on-line* e ao uso de ambientes virtuais e de recursos multimídia. Um bom conhecimento instrumental de tecnologias de ensino está rapidamente se tornando um pré-requisito para todos os profissionais da área de educação vocacional.

» Agora é a sua vez!

Estabeleça metas para melhorar seu nível de competências a fim de dar melhor suporte aos seus alunos na era do conhecimento digital.

» Mantendo-se atualizado

Nós exploramos como o cenário do ensino e treinamento vocacionais mudou e continua evoluindo a um ritmo veloz. Até mesmo para o profissional atuante mais experiente é desafiador manter um conhecimento instrumental de todas essas mudanças e se preparar para o impacto que essas modificações e oportunidades trazem.

É importante buscar o apoio de um grande número de organizações em todo o setor de FE e Habilidades e manter-se a par das últimas mudanças nas políticas, qualificações, carreiras e financiamento, para que você possa aconselhar bem as pessoas e preparar seus alunos.

Tabela 2.1 » Recursos para se manter atualizado no cenário de FE

Times Educational Supplement (TES) www.tes.co.uk	Publicado toda sexta-feira, a *TES* inclui uma seção específica relacionada à formação complementar e apresenta importantes notícias de todo o setor.
FE Week www.feweek.co.uk	Dirigido à gerência média e sênior que atua em faculdades e fornecedores particulares de treinamento, a *FE Week* é publicada semanalmente durante o ano letivo, trazendo notícias, comentários e informações técnicas. sobre o setor.
Edexcel Policy Watch www.edexcel.com	Registre-se para receber atualizações sobre políticas e financiamento de uma das maiores organizações concedentes.
Broadsheet from City and Guilds www.cityandguilds.com	Informando as últimas notícias, qualificações e serviços do City and Guilds Group, a revista *Broadsheet* apresenta matérias, comentários e análises sobre o setor da educação vocacional.
FE News www.fenews.co.uk	*FE News* é uma revista *on-line* de notícias sobre formação complementar, habilidades e aprendizado laboral.
Journal of Vocational Education and Training www.tandfonline.com	Um periódico acadêmico publicado quatro vezes ao ano, apresentando a mais recente pesquisa na área de educação vocacional em todo o mundo.
The Edge Foundation www.twitter.com/ukedge	Siga a Edge Foundation no Twitter e fique atualizado sobre o setor por meio do seu serviço de *microblogging* no Twitter.
Innovation in Vocational Education and Training www.linkedin.com	Uma área de discussão *on-line* entre membros no *site* de *networking* profissional LinkedIn. Membros de todo o mundo discutem questões relacionadas ao ensino e treinamento vocacionais.

Utilize ao máximo a variedade de organizações de apoio em todo o setor de FE e Habilidades, bem como departamentos e oportunidades de desenvolvimento profissional na sua própria instituição.

Tabela 2.2 » Resumo das organizações de FE e Habilidades

Education and Training Foundation (ETF) www.et-foundation.co.uk	A Education and Training Foundation é responsável por fixar e manter os padrões profissionais e o código de práticas para quem trabalha no setor de FE e Habilidades, além de desenvolver qualificações para treinamento inicial de professores.
Education Business Partnerships (EBPs)	O Reino Unido possui uma rede de mais de 100 parcerias de educação com empresas de financiamento privado concebida para apoiar oportunidades de trabalho conjunto entre empresas e jovens. Os serviços das EBPs costumam ser utilizados por escolas e faculdades para obter estágios de experiência profissional, executar avaliações de risco de fornecedores de estágios e entregar educação empresarial.
Local Enterprise Partnerships (LEPs) www.lepnetwork.org.uk	LEPs são parcerias entre autoridades locais e empresas. Existem 39 LEPs em toda a Inglaterra, muitas das quais liderando uma "zona empresarial". Ao substituir as agências de desenvolvimento regional, as LEPs tomam decisões sobre as prioridades de investimento em estradas, construções e instalações em sua área local. O guia nacional *Local Growth* de 2010 definiu o papel das LEPs, incluindo seu papel no trabalho com instituições locais de educação para dar suporte ao desenvolvimento econômico local.
Association of Employment and Learning Providers (AELP) www.aelp.org.uk	A AELP é uma associação profissional de fornecedores de aprendizado e emprego vocacional na Grã-Bretanha. A maioria dos seus membros é de organizações de serviços de treinamento e emprego independentes, privadas, sem fins lucrativos e voluntárias. A maioria dos programas de aprendiz da Inglaterra é entregue por membros da AELP.
Federation for Industry Sector Skills and Standards www.fisss.org	A federação coordena a garantia da qualidade e a certificação dos programas de aprendiz em nome da Skills Funding Agency, do National Apprenticeship Service e dos empregadores. Ela trabalha com os conselhos de habilidades setoriais para auxiliar, desenvolver e implementar um código de práticas.
Conselhos e órgãos de habilidades e organizações regulamentadoras do setor	Existe uma variedade de conselhos de habilidades setoriais (SCCs) independentes liderados por empregadores e órgãos de habilidades setoriais que definem e desenvolvem habilidades e padrões para sua indústria. Para mais informações, consulte a Tabela 1.2 no Capítulo 1.

(Continua)

Tabela 2.2 >> **Resumo das organizações de FE e Habilidades** *(Continuação)*

National Apprenticeship Service (NAS) www.apprenticeships.org.uk	O NAS dá suporte, financiamento e coordenação para a entrega de aprendizados em toda a Inglaterra. Ele tem a responsabilidade de aumentar o número de oportunidades de aprendizado e dar suporte a empregadores e alunos anunciando vagas de aprendiz. O NAS também administra o "World Skills UK", uma variedade de competições e atividades de habilidades vocacionais.
The UK Commission for Employment and Skills www.ukces.org.uk	A UKCES é uma organização liderada pela indústria e de financiamento público que provê liderança estratégica em questões de habilidades e emprego no Reino Unido. A comissão realiza pesquisa e publica diversos relatórios sobre o setor de emprego e habilidades do Reino Unido e o impacto no setor de educação e treinamento vocacional.
Institute for Learning (IfL) www.ifl.ac.uk	O IfL é um órgão profissional independente para profissionais, tutores e professores do setor de Formação Complementar e Habilidades. O IfL visa a dar suporte aos seus associados por meio de atividades de desenvolvimento profissional contínuo (*continuing professional development*, CPD) e representação do setor por meio de envolvimento com políticas.
Chartered Institute of Educational Assessors www.ciea.co.uk	O CIEA é uma organização de associação profissional que dá orientação, informação e treinamento àqueles envolvidos com avaliação educacional, incluindo tutores, avaliadores, examinadores e fiscais.
Office for Qualifications and Examination Regulation (Ofqual) www.ofqual.gov.uk	Independente do governo, o Ofqual é quem regula qualificações, exames e avaliações na Inglaterra e qualificações vocacionais na Irlanda do Norte. Seu papel é manter padrões e confiança em qualificações, por meio de acreditação e monitoramento das organizações concedentes.
Office for Standards in Education, Children's Services and Skills (Ofsted) www.ofsted.gov.uk	O Ofsted fiscaliza e regulamenta serviços dirigidos a crianças e jovens e serviços que fornecem educação e habilidades a alunos de todas as idades. Organizações educacionais com financiamento público estão sujeitas à fiscalização do Ofsted, que emite pareceres de acordo com um Modelo Comum de Fiscalização (Common Inspection Framework – CIF). Relatórios públicos sobre a qualidade dos fornecedores de educação e treinamento são publicados no *site* do Ofsted.
Federation of Awarding Bodies (FAB) www.fab.org.uk	A FAB é uma associação profissional para órgãos concedentes vocacionais do Reino Unido. Ela representa mais de 120 órgãos concedentes, dando informações, orientação e aconselhamento aos associados e contribuindo em consultas por parte do governo e do regulador.

Tabela 2.2 >> Resumo das organizações de FE e Habilidades

Department for Business, Skills and Innovation (BIS) http://bis.gov.uk	BIS é o departamento de crescimento econômico do governo do Reino Unido. Parte do papel do departamento é promover o comércio e a inovação por meio de investimento em habilidades e educação.
Skills Funding Agency (SFA) http://skillsfundingagency.bis.gov.uk	Uma organização parceira do Department for Business, Innovation and Skills (BIS), a SFA financia formação complementar adulta e treinamento de habilidades na Inglaterra.
Education Funding Agency (EFA) www.education.gov.uk/aboutdfe/executiveagencies/efa	A EFA é uma agência executiva do Department of Education. A agência administra financiamento educacional para alunos entre 3 e 19 anos de idade, ou até 25 no caso de pessoas com deficiências e necessidades educacionais especiais.
Business in the Community (BITC) www.bitc.org.uk	Uma instituição de caridade liderada por empresas, o BITC trabalha com empresas para criar laços com escolas a fim de dar suporte e recursos em empreendimento e empregabilidade. O BITC coordena o programa "Business First", apoiado pelo governo.
Learning Records Service (LRS) www.learningrecordsservice.org.uk	O LRS coordena informações e dados sobre fornecedores de aprendizado específicos, número único do aluno (*unique learner number* – ULN) e registro pessoal de aprendizado (*personal learning record* — PLR). O serviço é concebido para facilitar que alunos e instituições acompanhem e registrem qual aprendizado ocorreu quando. Os alunos podem acessar seu próprio PLR por meio do *site* do National Careers Service.
Centre for Skills Development (CSD) www.skillsdevelopment.org	Parte do grupo City and Guilds, o Centre for Skills Development é uma organização sem fins lucrativos de pesquisa e desenvolvimento de educação e treinamento vocacional. O centro trabalha com pesquisadores e profissionais atuantes para influenciar e melhorar as políticas e práticas da educação vocacional. O site do centro oferece aos profissionais uma variedade de publicações, relatórios e ferramentas para trabalhar com alunos do setor de FE e Habilidades.
National Careers Service (NCS) https://nationalcareersservice.direct.gov.uk	Auxiliado por consultores de carreira qualificados, o NCS oferece informação, consultoria e orientação para ajudar jovens e adultos a tomar decisões sobre aprendizado, treinamento e oportunidades de trabalho. O *site* possui diversas ferramentas de carreira e permite que os alunos abram uma conta de aprendizado vitalícia e verifiquem seu registro pessoal de aprendizado.

(Continua)

Tabela 2.2 » **Resumo das organizações de FE e Habilidades** *(Continuação)*

Organização	Descrição
National Institute of Adult Continuing Education (NIACE) www.niace.org.uk	Por meio de diversos eventos, pesquisas, publicações e serviços de suporte, o NIACE visa a encorajar todos os adultos a se envolver em aprendizado de todos os tipos. O NIACE também organiza a campanha Adult Learners' Week.
Land Based College Aspiring To Excellence (Landex) www.landex.org.uk	Organização associada que representa faculdades que oferecem ocupações ligadas à terra.
Holex www.excellencegateway.org.uk	O HOLEX é um órgão de associação setorial para serviços públicos locais de aprendizado adulto e comunitário (ACL).
European Prison Education Association www.epea.org	A EPEA é uma organização composta de tutores prisionais e outros profissionais com interesse na promoção e no desenvolvimento da educação em prisões em toda a Europa.
Third Sector National Learning Alliance (TSNLA) www.tsnla.org.uk	A TSNLA é uma aliança nacional de organizações comunitárias voluntárias e empreendimentos sociais envolvidos em aprendizado e habilidades.
The Further Education Reputation Strategy Group (FERSG) www.feworks.org	O FERSG é um grupo liderado pelo setor que visa a estimular a reputação nacional da formação complementar. Seu programa de atividades envolve levantar questões que afetam a reputação do setor com o governo, reuniões trans-setoriais e projetos de pesquisa.
Sixth Form Colleges' Association (SFCA) www.sixthformcolleges.org	O SFCA representa, auxilia e promove os interesses do setor de *sixth-form colleges*.
Association of Colleges (AoC) www.aoc.co.uk	Fundada em 1996, a AoC representa e promove os interesses das faculdades e provê aos associados serviços de suporte profissional.
National Training Federation Wales (NTfW) www.ntfw.org	A NTfW é uma organização associada de todo o País de Gales para os envolvidos na entrega de aprendizado no local de trabalho. Os membros variam de pequenos fornecedores de treinamento especializado a organizações nacionais e internacionais, assim como autoridades locais, instituições de formação complementar e instituições de caridade.

LEITURAS COMPLEMENTARES

BIS (2012) *Professionalism in Further Education: Final Report of the Independent Review Panel*. Londres: Department for Business, Innovation and Skills.

DFE/BIS (2011) *New Challenges, New Chances: Further Education and Skills System Reform Plan: Building a World Class Skills System*. Londres: Department for Business, Innovation and Skills.

DFE/BIS (2013) *Rigour and Responsiveness in Skills*. Londres: Department for Business, Innovation and Skills.

DFE/BIS (2013) *Traineeships – Supporting young people to develop the skills for Apprenticeships and other sustained jobs: a discussion paper*. Londres: Department for Business, Innovation and Skills.

Duckworth, V e Tummons, J (2010) *Contemporary Issues in the Lifelong Learning Sector*. Maindenhead: Open University Press.

Richard, D (2012) *The Richard Review of Apprenticeships*. Londres: School for Startups.

Wolf, A (2011) *Review of Vocational Education – The Wolf Report*. Londres: The Stationery Office.

SITES

City and Guilds: www.cityandguilds.com
Department for Education: www.education.gov.uk
Edexcel: www.edexcel.com
Edge Foundation: www.edge.co.uk
FE Week: www.feweek.co.uk
FE News: www.fenews.co.uk
Institute for Learning: www.ifl.ac.uk

REFERÊNCIAS

DFE (2013) *Work Experience and Non-qualification Activity*. Disponível em: www.education.gov.uk/600223495/post-16-work-exp-enteprise-educ.

Garrison, D R e Kanuka, H (2004) 'Blended Learning: Uncovering its Transformative Potential in Higher Education', *The Internet and Higher Education*, 7(2): 95-105.

Richard, D (2012) *The Richard Review of Apprenticeships*. Londres: School for Start ups.

capítulo 3

Desenvolvimento e motivação de alunos da educação vocacional

Nos capítulos anteriores, exploramos diferentes perspectivas e definições do que é educação vocacional e as qualificações, organizações, políticas e os contextos que moldam o trabalho dos tutores vocacionais em todo o Reino Unido. Neste capítulo, concentramo-nos nos alunos do setor de ensino e treinamento vocacionais e na necessidade de desenvolver e otimizar as suas abordagens ao ensino, aprendizado e à avaliação vocacional.

Objetivos de aprendizagem

- Identificar as abordagens behaviorista, cognitiva e humanista do aprendizado.
- Aplicar as teorias da motivação e suas considerações na prática.
- Criar ambientes de aprendizado seguros por meio de igualdade e diversidade.
- Relacionar as diferenças entre mentalidade fixa e de crescimento.
- Combinar maneiras de diferenciar a sua abordagem ao aprendizado.
- Reconhecer a importância de *feedback*, escolha e desafio ideal para a motivação.

» A importância do "CHIME"

A sua meta como profissional atuante é realizar o CHIME com todos os seus alunos:

- **C**ommunicate (comunicar)
- **H**elp (ajudar)
- **I**nspire (inspirar)
- **M**otivate (motivar)
- **E**ngage (envolver)

A UK Commission for Employment and Skills (UKCES) identifica que, no Reino Unido, há cerca de 1,5 milhão de jovens que não estão estudando, empregados ou em treinamento: 1 a cada 5 jovens. Até 2022, ela prevê que isso custará aos cofres públicos £ 28 bilhões em produto perdido pela economia, sem contar os custos humanos e sociais que advêm do não envolvimento em emprego ou estudo significativo (http://webarchive.nationalarchives.gov.uk/20140108090250/http://www.ukces.org.uk/ourwork/outcome-two).

Muitos jovens deixam a escola sem qualificações formais. Para muitos insatisfeitos com a educação escolar tradicional, o treinamento vocacional proporciona um modo novo e emocionante de aprender em um ambiente mais acessível. Com um propósito claro e enfocando o desenvolvimento de habilidades do mundo real para empregos, a educação vocacional pode proporcionar uma estrutura de desenvolvimentos social, pessoal e acadêmico.

Universidades, prisões, cursos de aprendizado laboral e instituições de caridade devem oferecer experiências de aprendizado que suportem, estimulem e desafiem. Obviamente, os alunos adultos também precisam de tutores cativantes e motivadores. Muitos estão voltando à educação após vários anos, e alguns podem ter tido experiências de aprendizado muito negativas. Eles podem chegar à sua sala de aula depois de 30 anos sem qualificações formais ou qualquer conquista profissional.

Outros podem ter uma longa história de sucesso, mas procuram complementar sua carreira ou mudar de setor. Eles também podem chegar à sua sala de aula depois de um longo dia de trabalho. Precisarão, então, de tutores inspiradores e solícitos para desafiá-los e envolvê-los, fazendo-os abrir mão do seu precioso tempo pessoal para concluir seus estudos em meio turno.

Uma questão de motivação

Motivação de alunos diz respeito a *disposição, necessidade, desejo e impulso para participar do processo de aprendizado e ter sucesso nele* (Bomia et al., 1997: 294). Ao considerar abordagens para envolver e motivar os alunos, vale a pena considerar diferentes abordagens ou orientações de aprendizado. Os psicólogos da educação propõem uma variedade de explicações ou teorias diferentes sobre por que e como aprendemos. O impacto dessas teorias pode ser visto na maneira como o ensino e treinamento mudou ao longo dos anos. O behaviorismo, o cognitivismo e o humanismo são três importantes abordagens ao aprendizado (veja a tabela a seguir).

Tabela 3.1 » **As três principais abordagens ao aprendizado**

Orientação	Características	Considerações para tutores e treinadores
Behaviorismo	O aprendizado é visto como uma mudança no comportamento das pessoas em consequência de uma ação ou experiência. O comportamento pode ser determinado pelo ambiente e controlado por meio de uma abordagem de estímulo-resposta. O uso de reforços positivos e negativos pode levar a mudanças de comportamento.	Reforço do comportamento positivo, por exemplo, por meio de recompensas; ou reforço do comportamento a ser evitado, por meio de desaprovação e punições. O aprendizado por meio do fazer possibilita prática frequente e repetição – essenciais para que ocorra o aprendizado. O aprendizado enfoca mudanças observáveis no comportamento, sendo frequentemente enfatizado por meio de objetivos de aprendizagem claros, comunicados no início da atividade – por exemplo: "Ao final desta atividade, os alunos estarão aptos a...".
Cognitivismo	Ocupa-se com o que acontece na mente, e o aprendizado é visto como uma mudança no que compreendemos e como desenvolvemos novos significados. O novo aprendizado se baseia no aprendizado anterior e no que já conhecemos. Os alunos buscam *insights* examinando a situação como um todo a fim de tentar dar sentido ao mundo.	Discussões, descoberta e tarefas de resolução de problema são atividades que promovem reflexão e entendimento, de modo a desenvolver o *raciocínio* dos alunos e a construir significados a partir dos novos aprendizados. O uso de exemplos, estudos de caso e metáforas é útil para criar conexões entre conhecimento antigo (prévio) e conhecimento novo.

(Continua)

Tabela 3.1 >> **As três principais abordagens ao aprendizado** *(Continuação)*

Humanismo	Na perspectiva humanista, o aprendizado diz respeito ao crescimento humano, ao caráter único das pessoas. Os alunos já estão programados para crescer e aprender, querendo atingir todo seu potencial. O aprendizado envolve tanto sentimentos quanto processos cognitivos.	Oportunidades para os alunos fazerem escolhas sobre seu próprio aprendizado são importantes. Na perspectiva humanista, uma abordagem flexível de aprendizado, segundo a qual os alunos possam exercer seus próprios interesses e satisfazer suas próprias necessidades, provavelmente será eficaz. Atividades que explorem sentimentos, emoções e motivações dos alunos podem ser úteis para moldar experiências de aprendizado eficientes.

>> Aprendizado situado

A teoria do aprendizado situado favorece o aprendizado de habilidades, conhecimentos e práticas dentro de um contexto específico – por exemplo, o local de trabalho. Ela também oferece um contexto para aprendizado e ensino no mundo real, mesmo se as suas aulas forem realizadas em contextos simulados – por exemplo, uma oficina mecânica ou uma estética. Esses ambientes podem tornar o aprendizado mais significativo, pois se relacionam com as aspirações vocacionais da vida real dos alunos. Essas metas e atividades compartilhadas criam uma comunidade de prática (Lave e Wenger, 1990) entre você e seus alunos, o que pode representar motivação e inspiração para todos os envolvidos.

>> Teorias da motivação

Uma das teorias da motivação mais conhecidas vem de Maslow (1954) e sua hierarquia de necessidades. Amplamente utilizada no mundo dos negócios e gestão, a pirâmide de Maslow pode salientar algumas considerações importantes para tutores que querem envolver e motivar alunos da educação vocacional.

```
                    Autorrea-
                    lização
              Autoestima –
         realização, aprovação,
         respeito, reconhecimento,
           confiança, competência

            Pertencimento –
         reconhecimento, aceitação,
           amigos, relacionamentos

      Necessidades de segurança – proteção contra
           perigo, estabilidade e segurança

         Necessidades fisiológicas – ar,
       comida, sono, calor, abrigo, relaxamento
```

Figura 3.1 Pirâmide de Maslow (1954) (adaptado).

» Satisfação das necessidades individuais

Alinhando os princípios da abordagem humanista ao aprendizado, caso as necessidades de déficit de menor nível dos alunos forem satisfeitas, é mais provável que eles sejam motivados a aprender e obter resultados. Como podemos tentar satisfazer essas necessidades na educação vocacional?

Geralmente presumimos que, ao chegarem às aulas, os alunos estão em dia com suas necessidades fisiológicas. Contudo, muitos alunos podem não ter tido uma boa noite de sono ou tomado café da manhã. Alguns alunos podem ter graves problemas pessoais, problemas financeiros ou outras dificuldades que os impedem de satisfazer suas necessidades fisiológicas básicas.

Assim, é importante que programemos intervalos apropriados, que conservemos, se estiver ao nosso alcance, um ambiente de aprendizado apropriado, tranquilo e adequadamente climatizado, e que saibamos indicar aos alunos serviços de assistência social, caso necessitem. Precisamos saber quem são nossos alunos e quais são suas necessidades específicas. A importância de preparar uma avaliação inicial robusta e detalhada é vital (saiba mais no Capítulo 5).

>> Sentir-se seguro, acolhido e bem-vindo

Os alunos precisam se sentir seguros e acolhidos para realmente se dedicarem ao aprendizado. Segurança, tanto física quanto emocional, é essencial. Fiscalizações terão que ser realizadas para verificar se os ambientes das instituições são seguros e adequados para a finalidade. As fiscalizações devem seguir seu procedimento organizacional e identificar perigos: quem pode se ferir e o que precisa ser feito para reduzir o risco até um nível aceitável. Os seus alunos devem receber instruções claras e abrangentes para manter a segurança no ambiente de aprendizado, incluindo o uso seguro e adequado de equipamento especializado, produtos químicos ou trabalho com crianças ou adultos vulneráveis, por exemplo.

O Health and Safety Executive (HSE, 2012) fornece uma orientação útil sobre os cinco grandes estágios da avaliação de risco:

- Etapa 1: Identifique os perigos.
- Etapa 2: Identifique quem pode se ferir e como.
- Etapa 3: Avalie os riscos e decida sobre precauções.
- Etapa 4: Registre suas conclusões e implemente-as.
- Etapa 5: Revise a sua avaliação e atualize-a, se necessário.

Se os alunos não se sentirem emocionalmente seguros, sua atenção certamente não focará progresso e realização. Para haver envolvimento e motivação, é essencial que se crie um ambiente onde tanto os funcionários quanto os alunos se respeitem mutuamente, nenhuma forma de *bullying* ou assédio seja tolerada e todos os alunos se sintam bem-vindos.

Igualdade e diversidade não significa tratar todos os alunos do mesmo modo. Precisamos conhecer bem nossos alunos, identificar e satisfazer suas necessidades específicas e garantir que a rica diversidade deles receba atenção e seja utilizada para aprimorar o aprendizado. No Reino Unido, a Lei da Igualdade (Equality Act), de 2010, consolidou diversas legislações diferentes sobre igualdade e trouxe considerações cruciais para quem trabalha com educação e treinamento.

Tabela 3.2 » **Principais considerações da Lei da Igualdade, de 2010**

Nove características protegidas	Eis os aspectos da identidade pessoal explicitamente protegidos contra discriminação: • raça; • deficiência; • gênero; • idade; • orientação sexual; • religião e credo; • mudança de sexo; • gravidez e maternidade; • casamento e uniões civis.
Definições de discriminação	A Lei reconhece os seguintes tipos de discriminação: • discriminação direta, incluindo discriminação por associação e percepção; • discriminação indireta; • assédio; • vitimização; • discriminação oriunda de deficiência; • deixar de fazer ajustes razoáveis.
Dever de igualdade do setor público	Exige-se que as organizações do setor público trabalhem para: • eliminar discriminação, assédio e vitimização; • promover a igualdade de oportunidades; • incentivar boas relações.

Como profissional atuante, você precisa garantir que a sua prática seja inclusiva e respeitosa, para que os alunos tenham igualdade de oportunidades e se sintam seguros para aprender. Algumas maneiras de fazer isso incluem:

- **Realize uma análise de igualdade:** Isso considera o impacto que a sua prática, as políticas e os procedimentos que você segue têm sobre diferentes indivíduos e suas características.
- **Avalie seus materiais de ensino:** Os seus materiais de ensino apoiam ou contestam os principais estereótipos da sua matéria vocacional? Por exemplo, muitos alunos atraídos por programas de cuidados infantis serão mulheres, e muitos homens serão atraídos por programas de construção civil. Os seus

recursos e materiais promocionais contestam esses estereótipos e salientam modelos positivos que não confirmam a "maioria"?

- **Reflita sobre a linguagem que você usa:** A sua linguagem precisa ser inclusiva e respeitosa com todos os alunos. Não é adequado apoiar linguagem ou terminologia discriminatória utilizada em locais como fábricas, bares, canteiro de obras ou torcidas esportivas. Como tutor vocacional, você é um modelo que precisa reforçar e demonstrar linguagem e terminologia apropriadas.

» Agora é a sua vez!

Examine os recursos de ensino de uma unidade ou módulo selecionado que você ensine. Execute uma avaliação da linguagem e das imagens utilizadas nos seus materiais. Considere quais mensagens elas reforçam e se elas apoiam uma comunidade diversificada e contestam estereótipos.

Considere os diferentes tipos de aluno que você instrui. Você sabe o suficiente sobre seus históricos e necessidades a fim de entender como planejar o aprendizado que satisfará as metas educacionais deles?

Você talvez tenha identificado uma série de diferentes "tipos de aluno". No *Handbook for the inspection of Further Education and Skills* (2013: 40), o Ofsted salienta como é importante para os tutores e profissionais atuantes que todos os alunos progridam e atinjam seu potencial, especialmente aqueles cujas necessidades, disposições, aptidões ou circunstâncias possam exigir um ensino particularmente perceptivo e especializado. Ele identifica um leque diversificado de alunos a quem você pode lecionar, dependendo de onde você trabalha, podendo incluir:

- alunos com deficiência, conforme a definição da Lei da Igualdade, de 2010, e alunos com necessidades educacionais especiais;
- meninos/homens;
- meninas/mulheres;
- grupos de alunos cujo desempenho pode ser diferente do de outros grupos;
- alunos mais ou menos aptos academicamente;
- alunos cuja língua-mãe não é o inglês;
- alunos de minorias étnicas;
- alunos ciganos e nômades;
- alunos bolsistas;
- crianças sob tutela;
- homossexuais;

- alunos transgêneros;
- cuidadores jovens;
- alunos com histórico de baixa renda;
- alunos mais velhos;
- alunos de diferentes religiões e credos;
- ex-condenados;
- mulheres voltando ao trabalho;
- mães adolescentes;
- outros grupos vulneráveis.

Agora é a sua vez!

Olhando a lista de alunos que podem ter diferentes necessidades, disposições, aptidões ou circunstâncias, considere o que você precisaria fazer para que todos progredissem e atingissem seu potencial. Você tem apoio externo na sua faculdade, instituição de caridade, ou centro comunitário para ajudá-lo a apoiar e satisfazer essas necessidades diversificadas?

Abordagens antidiscriminatórias em ensino e aprendizado: contestando estereótipos

Historicamente, a educação vocacional é caracterizada por um alto grau de segregação de gênero – por exemplo, assistência social e cuidados de saúde, tratamento cosmético, viagem e turismo, cuidados infantis e floricultura costumam ser vistos como território feminino. Já cursos relacionados à mecânica, construção civil, engenharia e tecnologia da informação são tradicionalmente vistos como ocupações masculinas.

É importante que os alunos tenham opções de carreira que não sejam desconsideradas devido a expectativas estereotipadas. Entretanto, muitos alunos ainda optam por carreiras (e, portanto, opções de aprendizado) que refletem papéis de gênero tradicionais porque as outras opções parecem insustentáveis. É necessária uma melhor orientação vocacional para resolver essa questão e que os tutores tenham mais consciência de gênero, sendo mais aptos a contestar estereótipos.

Agora é a sua vez!

1. "Que coisa *gay*" é uma expressão que muitos tutores escutam ao trabalhar com jovens. Identifique três maneiras como você poderia combater e contestar o uso de linguagem discriminatória por parte dos seus alunos.

2. Existe um estereótipo de gênero na sua matéria vocacional? O que as estatísticas revelam sobre a divisão de gênero entre os alunos da sua organização? Como você poderia contestar os modelos de gênero vocacional?

Agora é a sua vez!

Elabore uma lista de ao menos dez pessoas conhecidas que representam diferentes carreiras. Escolha indivíduos que, com base na aparência, considera-se que tenham um papel profissional não tradicional (p. ex., homens esteticistas ou mulheres pedreiras). É melhor ter uma variedade de carreiras representada.

Exemplos de possíveis profissões que você poderia colocar na sua lista são:

- político(a);
- pedreiro(a);
- enfermeiro(a);
- policial;
- *chef*;
- operário(a);
- artista;
- profissional de negócios;
- dançarino(a);
- cabeleireiro(a);
- astronauta;
- secretário(a);
- corretor(a) de imóveis;
- esposa/marido que cuida do lar;
- professor(a);
- agente de viagem;
- cientista;
- atleta.

Após identificar e listar esses profissionais, procure por imagens que representem cada um deles em jornais, revistas ou fontes *on-line* (p. ex., vídeos do YouTube). Numere cada indivíduo e cole as imagens (com o número correspondente) nas paredes da sala de aula.

Após os alunos entrarem na sala de aula e se sentarem, dê a cada um deles uma folha de papel listando os diferentes profissionais cujas fotos estão pela sala. Explique aos alunos que eles devem:

1. caminhar pela sala;

2. olhar todas as imagens;

3. tentar determinar qual profissão da lista de carreiras corresponde a qual imagem. Após os alunos terem feito suas correspondências, eles devem anotar o número da imagem ao lado da profissão em sua lista de carreiras.

Não se surpreenda ao verificar que quase todos os alunos fazem a correspondência errada do profissional com a carreira. Na verdade, essa é a meta da atividade. Os alunos serão forçados a fazer pressuposições sobre certas profissões com base nas mensagens de gênero que aprenderam sobre opção de carreira e aparência.

Após a atividade ser realizada, informe aos alunos as respostas corretas para cada profissão. Então, organize um debate em aula. Durante o debate, aborde pontos importantes, como: não se devem fazer pressuposições sobre uma pessoa com base na aparência (p. ex., corte de cabelo, tatuagens, maquiagem, etc.) e estereótipos. Possíveis perguntas para explorar mais a questão:

- Por que você presume que a moça seja a enfermeira?

- Você conhece algum enfermeiro?

- Quais são alguns dos efeitos negativos de estereotipar a profissão de alguém com base na aparência?

- Além da aparência, quais são alguns dos outros estereótipos que você conhece a respeito de opção de carreira (p. ex., nível de educação, localização geográfica, estrutura familiar, etc.)?

- Você conhece alguém que não se encaixa nesses estereótipos?

No fim do debate, deve ser mais aparente para os alunos que existem estereótipos relativos às diferentes carreiras. Porém, se não forem abordados, esses estereótipos podem prejudicar sua escolha de carreira e o processo de exploração.

É importante que os tutores compreendam como a percepção que as pessoas têm sobre as diferentes ocupações pode ser distorcida por causa de crenças estereotipadas aprendidas a respeito de uma dada ocupação. Com esse conhecimento, os tutores podem discutir as consequências e o impacto negativo que esses estereótipos podem ter sobre as opções de carreira dos alunos. Essa discussão pode estimular os alunos a considerar profissões que talvez nunca tenham considerado antes, ou ao menos expandir as opções já existentes.

❯❯ Confiança e autoestima

Como discutido no Capítulo 1, muitos dos nossos alunos podem ter um histórico de mau desempenho, exclusão ou insatisfação com a educação escolar tradicional e o currículo geral. Muitos alunos podem ter uma autoestima muito baixa, histórico de comportamento desviante ou nenhuma qualificação formal. É responsabilidade de todos os tutores e profissionais da área proporcionar uma experiência de aprendizado de boa qualidade, que desenvolva a confiança e a autoestima dos estudantes.

O uso de reforços positivos, recompensas e motivadores "extrínsecos" inicialmente pode ser uma maneira de melhorar os níveis de motivação e a confiança e romper as barreiras associadas ao aprendizado formal. Motivadores extrínsecos são aqueles fatores externos que podem estimular o envolvimento e a participação do aluno. Exemplos incluem:

Qualificações: Obter um certificado de desempenho formalmente reconhecido.

Empregadores: Receber um (ou um aumento de) salário ou concluir os estudos como parte de um contrato de trabalho.

Pais: Bom desempenho e progresso para causar boa impressão junto aos pais, guardiões ou cuidadores.

Colegas: Acompanhar o ritmo dos colegas ou competir (de forma saudável) com eles.

Tutores: Receber elogios e *feedback* de tutores e outros profissionais.

Dinheiro: Bolsas e outros incentivos por frequentar ou concluir um curso.

Recompensas: Outras recompensas, como viagens, visitas, sair mais cedo, eventos, etc.

Punições: Evitar punições pode ser motivador para alguns, como aulas extras, suspensão, bilhetes para os pais, advertências disciplinares e remoção de recompensas e de incentivos.

O uso de motivadores extrínsecos está alinhado a uma abordagem behaviorista do aprendizado, em que reforços positivos e negativos são vistos como essenciais ao aprendizado. No entanto, a pesquisa sugere que os alunos motivados de forma intrínseca, que aprendem por prazer e interesse no aprendizado em si, geralmente têm mais sucesso. A pesquisa de Brooks et al. (1998) observa que, apesar de recompensas externas (motivadores extrínsecos) sustentarem a produtividade, elas diminuem o interesse na tarefa, reduzindo a probabilidade de que a tarefa seja continuada no futuro.

Agora é a sua vez!

Pense nas formas como você motiva seus alunos. Você usa motivadores extrínsecos – tanto recompensas quanto desaprovações?

Como você poderia reduzir o uso de motivadores extrínsecos para desenvolver a motivação intrínseca e o desejo de aprender dos alunos? Liste cinco métodos que você poderia experimentar.

Motivação intrínseca

De acordo com os teóricos humanistas (p. ex., Carl Rogers), a motivação pode vir de dentro da pessoa, sem que ela espere pela recompensa externa. Os alunos obtêm sua própria recompensa interna por meio de um aumento de autoestima e de senso de realização ao atingir seus objetivos. Isso se chama de motivação interna ou intrínseca, o que significa que não há forças externas (p. ex., o local de trabalho) influenciando o indivíduo a atingir seus objetivos. O fato de que eles não tentam alcançar uma recompensa externa opera em prol do valor intrínseco associado ao sucesso do objetivo. Os alunos serão motivados a apresentar os comportamentos desejados, não sendo necessária punição nem recompensa para motivar seu sucesso.

Duckworth (2013b) identifica que a maneira como os tutores abordam a questão da motivação dos alunos (seja ela intrínseca ou extrínseca) é, em parte, determinada pelos fundamentos filosóficos andragógicos (adultos) ou pedagógicos (crianças e jovens) das estratégias de ensino e aprendizado dos profissionais. No entanto, ela observa que os pressupostos da andragogia podem levar a expectativas irreais e idealistas sobre o comportamento dos adultos, mas estar consciente das diferentes abordagens permite que nos envolvamos com os alunos, independentemente da sua idade. Uma maneira significativa de encarar isso é enxergar cada pessoa e suas necessidades como únicas, criando um programa sob medida que pode incluir aspectos dos modelos considerados andragógicos e pedagógicos, um leque de ambos (e de outros) no lugar de uma abordagem para adultos e uma para crianças e jovens.

Portanto, o principal foco dos profissionais da educação vocacional deve ser incentivar os alunos a desenvolver uma abordagem do tipo "eu **quero** aprender", uma paixão intrínseca por aprendizado vitalício, em vez de se fiar na prática de "punição e recompensa" que os tutores adotam em uma abordagem do tipo "eu **preciso** aprender". A educação vocacional pode ser muito eficaz aqui, com os alunos vendo (muitas vezes, pela primeira vez) uma finalidade e um benefício real em estudar e aprender. O desenvolvimento de uma motivação intrínseca de aprendizado está ligado à "teoria da autodeterminação" (*self-determination theory* – SDT) proposta por Deci e Ryan (1985).

Sua teoria enfatiza a importância que competência, autonomia e relação têm para a motivação intrínseca. Como tutores vocacionais, é bom considerarmos como podemos fazer com que os alunos sintam que são competentes e estão "sacando" do assunto, que estão no controle do seu aprendizado e que são parte de uma comunidade de apoio.

Três fatores que podem ajudar a aprimorar os níveis de motivação intrínseca incluem:

1. **Feedback**: Dar um *feedback* frequente, específico e imediato, focado no processo.

2. **Escolha**: Acomodar oportunidades para que os alunos escolham o que e como aprender.

3. **Desafio:** Fazer com que o aprendizado seja acessível, porém desafiador; nem fácil demais, nem inatingível.

» Criação de uma "mentalidade de crescimento"

A maneira como damos *feedback* e elogios pode reforçar uma perspectiva estagnada ou a busca por crescimento em nossos alunos. Ao longo das últimas quatro décadas, a pesquisa da professora Carol Dweck (2006) vem oferecendo evidências importantes de que alunos com "mentalidade de crescimento" (a crença de que as capacidades são fluidas e mutáveis ao longo do tempo) aprendem melhor do que os que têm mentalidades fixas (a crença de que as capacidades são fixas e não vão mudar).

Alunos com uma mentalidade de crescimento provavelmente buscarão mais desafios, apresentarão mais persistência e tenacidade no enfrentamento de dificuldades, aprenderão mais com seus erros e acabarão atingindo seu potencial de aprendizado e tendo sucesso. Eles se concentram no "domínio do aprendizado" e costumam ter uma motivação intrínseca mais forte para aprender.

Alunos com mentalidade fixa creem que sua capacidade é fixa e genética, e que, embora possam aprender coisas novas, não podem mudar a sua inteligência. Alunos com mentalidade fixa frequentemente têm crenças muito definidas sobre as matérias, tópicos e tarefas em que eles simplesmente "não são bons".

Tabela 3.3 >> Resumo da mentalidade de crescimento *versus* fixa (Hymer, 2009)

Mentalidade	Fixa	Crescimento
Sua crença	A inteligência é um traço fixo	A inteligência é cultivada por meio do aprendizado
Sua prioridade	Parecer inteligente, e não burro	Tornar-se mais inteligente aprendendo
Você se sente inteligente quando	Atinge objetivos fáceis e com baixo esforço e quando tem desempenho melhor do que o dos outros	Envolve-se completamente com tarefas novas, faz esforços, explora e aplica habilidades
Você evita	Esforço, dificuldade, reveses, colegas com melhor desempenho	Tarefas fáceis e já dominadas anteriormente

O Capítulo 7, sobre avaliação vocacional, explora em mais detalhes o *feedback* e como ele pode ser usado para cultivar uma mentalidade de esforço.

>> Escolha

Dar aos alunos algum grau de escolha sobre o que, onde e como eles aprendem (quando for possível) também pode ajudar a motivá-los e engajá-los. Se você ensina em programas acreditados, tem uma ementa e critérios de avaliação definidos a seguir, mas, ainda assim, existem oportunidades de flexibilidade na sua abordagem.

Pense em como você concebe o seu currículo, na ordem das unidades que você ensina e no modo como você avalia seus alunos. Essas variáveis são todas fixas ou você pode dar aos seus alunos alguma escolha e autonomia?

A avaliação vocacional é explorada em mais detalhes no Capítulo 7, e aqui esmiuçaremos como oferecer escolhas nos métodos de avaliação pode ser uma forma de dar um nível de autonomia atraente para os alunos na sua abordagem.

» Desafio ideal

Quando o aprendizado é desafiador demais ou fácil demais, é possível que os alunos fiquem ansiosos, entediados ou desmotivados. Os estudos de Csikszentmihalyi (2002) sobre "fluxo" e o estado de concentração ideal identificam a necessidade de um equilíbrio entre o quanto desafiamos os alunos e seus níveis de habilidade. Desafio em demasia cedo demais pode levar a níveis altos de ansiedade, especialmente se os alunos tiverem uma abordagem de "mentalidade fixa" ao aprendizado. Muito pouco desafio pode fazer com que os alunos se sintam entediados e alienados. Isso pode levar a comportamento desviante ou distraído, com os alunos procurando outras maneiras de se manter estimulados.

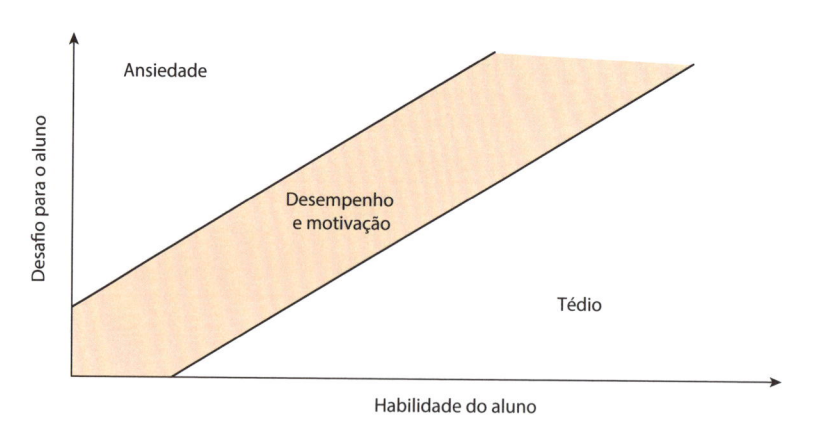

Figura 3.2 Rumo ao desafio ideal. Baseado em Csikszentmihalyi (2002)
Fonte: The Psychology of Optimal Experience.

É claro, o nível ideal de desafio será diferente para cada aluno, e esse talvez seja o maior desafio dos tutores vocacionais: como diferenciar o aprendizado para satisfazer as necessidades de cada aluno. Adaptando e diferenciando a sua abordagem de ensino, aprendizado e avaliação, você pode tentar criar um ambiente de desafio ideal para envolver e motivar todos os seus alunos.

» Maneiras de diferenciar o aprendizado

- Diferencie o seu planejamento de aprendizado, estabelecendo os objetivos alcançáveis por todos, os alcançáveis por alguns e os que, na sua previsão, apenas poucos alcançarão no início. O bom planejamento o ajudará a identificar estratégias de ensino e aprendizado que desafiarão e exigirão esforços de todos os alunos, considerados seus pontos de partida individuais.

- Forneça tarefas e atividades em uma variedade de níveis – incentive seus alunos a escolher seu próprio nível de atividade, desafiando-os a aprender uma coisa nova. Os alunos com uma mentalidade de crescimento costumam sentir confiança suficiente para tentar atividades fora da sua zona de conforto, na qual talvez falhem.

- Use perguntas dirigidas para que cada aluno seja suficientemente desafiado com base em seu nível atual de habilidades e compreensão. Perguntas mais "abertas" e que exigem mais do que uma resposta simples têm mais chances de promover aprendizado "mais profundo". O questionamento socrático, ou maiêutico, pode desafiar seus alunos a pensar ainda mais profundamente e justificar ou ampliar suas respostas iniciais.

- Estimule os alunos a fazer perguntas uns aos outros com base no seu próprio aprendizado. Ao pensar em fazer uma série de perguntas próprias, os alunos precisam repassar o que aprenderam, avaliar os aspectos importantes e considerar como podem desafiar uns aos outros.

- Dê oportunidades para que os alunos ampliem seu aprendizado após as atividades, utilizando materiais do ambiente virtual de aprendizagem ou atividades de extensão. Oferecer diferentes recursos multimídia *on-line* pode ser uma oportunidade preciosa de os alunos investigarem mais a fundo, desenvolverem suas habilidades de aprendizado independente e fazerem exercícios de consolidação.

» PARA REFLETIR

Como diferenciar a sua abordagem de ensino, aprendizado e avaliação a fim de proporcionar a cada aluno o nível de desafio ideal? Identifique outros modos de personalizar a experiência de aprendizado de todos os seus alunos.

» Teoria expectativa-valor

Uma abordagem desenvolvida por Fishbein (1975) salienta que os níveis de motivação e os comportamentos subsequentes dos alunos são determinados pelo valor que eles dão aos objetivos de aprendizado e pela expectativa de sucesso que eles têm.

Motivação = expectativa × valor

Se os seus alunos possuem baixa autoestima, acham que sua capacidade é "fixa" e não esperam ter sucesso, é provável que a motivação para participar do aprendizado e tentar tarefas de aprendizagem seja baixa. Se os alunos têm dificuldades em enxergar o valor do seu aprendizado, do seu curso e da sua educação, sua motivação para comparecer e participar provavelmente será baixa também.

Para tutores e profissionais atuantes, portanto, é importante salientar a importância e o valor da educação vocacional e a probabilidade de que os alunos tenham sucesso se comparecerem, participarem e se esforçarem.

O valor dos modelos positivos também pode ser útil para demonstrar o "valor" do aprendizado. Quando os alunos conseguem ver e ouvir os resultados positivos do trabalho esforçado, da realização de pesquisa, dos trabalhos de aula e das provas, é mais provável que se comprometam com seus estudos e com a experiência educacional.

» Teoria da atribuição

Outra teoria que pode nos ajudar a compreender melhor o comportamento e a motivação é a teoria da atribuição. Heider (1958) foi o primeiro a propor uma teoria psicológica da atribuição. Na visão de Heider, as pessoas eram parecidas com cientistas amadores ao tentar entender o comportamento dos outros encaixando informações até chegar a uma explicação ou causa racional. A teoria da atribuição se concentra em como e por que as pessoas explicam os eventos da forma como explicam. Portanto, faz sentido que, quanto mais conhecemos alguém, mais provável é que atribuamos comportamento à situação. De acordo com Heider, uma pessoa pode fazer duas atribuições:

- **Atribuição interna**: A sugestão de que uma pessoa se comporta de determinada maneira por causa de alguma coisa atinente à pessoa, como atitude, caráter ou personalidade.

- **Atribuição externa**: A sugestão de que uma pessoa se comporta de determinada maneira por causa de alguma coisa atinente à situação em que ela se encontra.

A teoria da atribuição é utilizada para esclarecer a diferença de motivação entre pessoas de alto e de baixo desempenho. De acordo com a teoria da atribuição, pessoas com alto desempenho encaram (em vez de evitar) tarefas relacionadas a sucesso, pois acreditam que o sucesso se deve a um grande esforço, no qual se tem confiança. O fracasso não diminui a sua autoestima, mas o sucesso cria orgulho e confiança. Quando o trabalho fica difícil, elas costumam prosseguir em vez de desistir, pois o fracasso é provocado por falta de esforço, o que eles podem alterar se insistirem. Eles também tendem a trabalhar com muito entusiasmo, pois acreditam que os resultados sejam determinados pela persistência e pelo esforço que se empregam na tarefa. Aqui, existem ligações claras com uma abordagem de aprendizado de mentalidade de crescimento.

Por outro lado, pessoas com baixo desempenho evitam tarefas relacionadas a sucesso, porque tendem a duvidar da própria habilidade e relacionam o sucesso à sorte ou a outras influências fora da sua alçada e, portanto, além do seu controle. Logo, mesmo quando obtém sucesso, a pessoa de baixo desempenho não se sente tão gratificada, porque não se sente responsável: isso não aumenta sua autoestima e a crença nas suas capacidades.

» Influência da falta de motivação em uma pessoa de baixo desempenho

Os alunos podem se desconectar completamente ou utilizar diversas táticas desviantes para encobrir sua falta de confiança. Quando os alunos têm baixo desempenho, suas capacidades e habilidades não encontram expressão. Isso pode fazer com que eles se decepcionem, e podem acabar perturbando os demais alunos da classe. À medida que lutamos para gerenciar seu comportamento contestador, nossa satisfação profissional pode diminuir, assim como o moral da classe.

» PARA REFLETIR

Pense nos seus alunos atuais. Algum parece estar desmotivado? Como você sabe? Que sinais ele apresenta que o levam a pensar que ele não está motivado? Que estratégias você poderia experimentar para motivá-lo e conectá-lo de volta aos estudos? Você acha que motivadores extrínsecos ou intrínsecos seriam mais eficazes? Você acha que ele tem uma mentalidade fixa ou de crescimento?

» Motivação por meio de competição

Competições de habilidades podem oferecer oportunidades valiosas e motivadoras para que os alunos apliquem seu conhecimento e compreensão em um nível alto. O Learning and Skills Improvement Service (LSIS, 2012) identifica diversos benefícios de aprendizado para alunos que participam de atividades de competição:

- criar relações mais fortes com os demais alunos;
- criar colaboração entre o tutor e o aluno;
- identificar pontos fortes e fracos;
- desenvolver redes mais amplas em outras faculdades e na indústria;
- identificar uma rede de possíveis empregadores;
- melhorar o comprometimento e a confiança;
- melhorar habilidades de resolução de problemas;
- ganhar experiência em habilidades associadas e mais amplas.

Competições como World Skills UK e World Skills International podem proporcionar um verdadeiro foco de motivação para muitos alunos. A oportunidade de competir no nível mais alto com pessoas de todo o país e do mundo pode ser uma experiência muito gratificante para muitos alunos, além de melhorar seu currículo e sua empregabilidade. A experiência em competições, seja em pequenos eventos internos ou em um cenário internacional, pode desenvolver habilidades maiores de comunicação, independência e resiliência dos alunos. Competições de habilidade são exploradas no Capítulo 6, sobre aprendizado experiencial.

» Promoção de motivação

Os alunos ficam mais motivados para trabalhar quando conhecem os objetivos que buscam atingir. Um modo de fazer isso é trabalhar em conjunto, em vez de norteado por objetivos definidos apenas pelo tutor. Isso significa utilizar habilidades de comunicação eficazes e colocar os alunos no centro do seu ciclo de aprendizado. É importante tornar explícitos e significativos os objetivos e os conhecimentos e habilidades que precisam ser desenvolvidos por meio dos objetivos.

Uma boa ideia é articular não apenas os objetivos do curso, mas também objetivos pessoais. É provável que os dois estejam intimamente ligados, e ter consciência disso é importante para entender e responder às motivações e esperanças dos alunos.

LEITURAS COMPLEMENTARES

Bloxham, S e Boyd, P (2007) *Developing Effective Assessment in Higher Education: A Practical Guide*. Berkshire: Open University Press.
Csikszentmihalyi, M (1990) *Flow: The Psychology of Optimal Experience*. Nova York: Harper Perennial. Deci, E e Ryan, R (1985) *Intrinsic Motivation and Self-determination in Human Behaviour*. Nova York: Plenum.
Duckworth, V (2013) *How to be a Brilliant FE Teacher: A Practical Guide to Being Effective and Innovative*. Londres: Routledge.
Dweck, C (2012) *Mindset: How You Can Fulfil Your Potential*. Londres: Robinson Publishing.
Gould, J (2012) *Learning Theory and Classroom Practice in the Lifelong Learning Sector*. Exeter: Learning Matters.
Gravells, A e Simpson, S (2012) *Equality and Diversity in the Lifelong Learning Sector*. Exeter: Learning Matters.
Petty, G (2009) *Teaching Today: A Practical Guide* (Fourth Edition). Cheltenham: Nelson Thornes.
Swan, M, Peacock, A, Hart, S e Drummond, M J (2012) *Creating Learning Without Limits*. Maidenhead: Open University Press.
Tummons, J e Powell, S (2011) *Inclusive Practice in the Lifelong Learning Sector*. Exeter: Learning Matters.

SITES

Future First: www.futurefirst.org.uk
Mindset: www.mindsetonline.com
Ofsted: www.ofsted.gov.uk/handbook-for-inspection-of-further-education-and-skills-september-2012

REFERÊNCIAS

Bomia, L, Beluzo, L, Demeester, D, Elander, K, Johnson, M e Sheldon, B (1997) *The Impact of Teaching Strategies on Intrinsic Motivation*. Champaign, IL: ERIC Clearinghouse on Elementary and Early Childhood Education.
Brooks, S, Freiburger, S e Grotheer, D (1998) *Improving Elementary Student Engagement in the Learning Process Through Integrated Thematic Instruction*. Chicago, IL: Saint Xavier University (ERIC Document Reproduction).
Csikszentmihalyi, M (2002) *Flow: The Classic Work on How to Achieve Happiness*. Londres: Rider Books.
Deci, E e Ryan, R (1985) *Intrinsic Motivation and Self-determination in Human Behaviour*. Nova York: Plenum.
Duckworth, V (2013b) *How to be a Brilliant FE Teacher: A Practical Guide to Being Effective and Innovative*. Londres: Routledge.
Dweck, C S (2006) *Mindset: The New Psychology of Success*. Nova York: Random House.
Fishbein, M e Ajzen, I (1975) *Belief, Attitude, Intention and Behavior: An Introduction to Theory and Research*. Reading, MA: Addison-Wesley.
HSE (Health and Safety Executive) (2012) *Five Steps to Risk Assessment*. Londres: Health and Safety Executive.
Hymer, B (2009) *Gifted and Talented Pocketbook*. Alresford: Teachers' Pocketbooks.
JISC (2010) *Effective Practice with E-learning – A Good Practice Guide in Designing e-Learning*. Bristol: Joint Information Systems Committee.
Lave, J e Wenger, E (1991) *Situated Learning: Legitimate Peripheral Participating*. Cambridge: Cambridge University Press.
LSIS (2012) *Inspiring Excellence: A Guide to Embedding Skills Competition Activity in Apprenticeships and Vocational Learning*. Coventry: Learning and Skills Improvement Service.
Ofsted (2013) *Handbook for the Inspection of Further Education and Skills*. Manchester: Ofsted.
Maslow, A H (1954) *Motivation and Personality*. Nova York: Harper and Row.

capítulo 4

Envolvimento do empregador

Nos capítulos anteriores, exploramos a importância e a relevância de programas de estudo vocacional claramente alinhados às necessidades dos empregadores. Ainda, consideramos os padrões ocupacionais do setor no Reino Unido e discutimos o desenvolvimento de habilidades e competências de trabalho necessárias para obter sucesso no mercado de trabalho. Neste capítulo, exploramos formas de desenvolver e reforçar as ligações com os empregadores e como experiências de emprego podem acrescentar uma rica camada de realismo e finalidade à trajetória do estudante, tornado o ensino e o treinamento verdadeiramente vocacionais.

Objetivos de aprendizagem

» Adaptar abordagens para trabalhar com empregadores em diferentes estágios da jornada de aprendizado.

» Reconhecer o papel da experiência de trabalho no aprendizado vocacional.

» Avaliar o desenvolvimento das habilidades funcionais, pessoais, de aprendizado e de raciocínio dos alunos.

» Propor o uso das redes sociais para trazer os empregadores à sala de aula.

» Aprendizado além da sala de aula

Atualmente, os alunos da educação vocacional precisam de experiências de aprendizado que vão além da sala de aula, que efetivamente os permitam viver a realidade do ambiente de trabalho. Cursos vocacionais podem desenvolver o aprendizado ajudando os alunos a:

- vislumbrar opções de carreira em ramos que talvez não conheçam ou não levem em consideração;
- saber mais sobre as indústrias (em níveis local, nacional e internacional) em que eles queiram ingressar no futuro;
- desenvolver habilidades essenciais para o local de trabalho;
- construir competências de trabalho relacionadas a aspirações de carreira;
- ver como seu aprendizado em classe (p. ex., conhecimento teórico) pode ser aplicado no local de trabalho;
- tomar decisões mais informadas sobre seus rumos de educação e carreira, de modo a fazer uma transição exitosa para o mercado de trabalho.

O Department for Education (DfE, 2013) sinalizou seu compromisso com o desenvolvimento da "educação empreendedora" por meio de novas flexibilidades de financiamento para escolas, faculdades e universidades. Agora há a expectativa de que elas ampliem seu envolvimento com empregadores e incorporem um leque de atividades empreendedoras que complementem as qualificações vocacionais e a experiência de trabalho que os alunos realizam como parte do seu programa de estudo, de acordo com suas necessidades.

É identificada uma série de exemplos de envolvimento com empregadores rumo ao empreendedorismo, inclusive:

- Projetos de empreendedorismo: Os empregadores definem casos de negócios para que os alunos resolvam. Esse tipo de atividade incentiva trabalho em equipe, liderança, boa comunicação, trabalho com prazos e resolução de problemas e exige uma compreensão de finanças comerciais.
- Mentoria: Os empregadores dão incentivo e suporte individual aos alunos.
- Acompanhamento no trabalho: Dá-se aos alunos a oportunidade de observar os funcionários em ambientes reais de trabalho.
- Oficinas: Os empregadores organizam debates com alunos nas escolas, faculdades ou instalações do empregador sobre as realidades do trabalho e o ambiente de emprego e treinamento.

Em seu relatório sobre excelência em ensino e aprendizado vocacional adulto, o CAVTL (2012) ressalta a importância de desenvolver uma abordagem de mão dupla para a educação vocacional, que dê aos alunos uma linha de visão clara para o trabalho. É identificado um leque de modos pelos quais toda a gama de educação vocacional oferecida pode tentar desenvolver e manter essa via de mão dupla:

- Representação dos empregadores em grupos responsáveis pela governança de ensino e treinamento vocacionais.
- Equipes conjuntas de cursos vocacionais responsáveis por desenvolvimento de currículo, concepção de programa, revisão e avaliação.
- Quando possível, fazer com que os programas vocacionais incluam um estágio considerável e significativo.
- Uma variedade de outras atividades por meio das quais os empregadores podem contribuir, incluindo mentoria, organização de oficinas, seminários, demonstrações e redes de egressos.
- Por meio de arranjos locais, incentivar profissionais ativos com *expertise* vocacional a dirigirem-se à faculdade ou a uma instituição de treinamento e ensinar seu ofício ou profissão por algumas horas por semana.
- Tutores e treinadores vocacionais trabalhando em colaboração com empregadores em projetos que agreguem valor às suas organizações: desenvolvimento de novos produtos, processos ou mercados ou suporte técnico a pequenas empresas ou *start-ups*.
- Investimento conjunto em centros de pesquisa e desenvolvimento e tecnologia de ponta, a fim de dar suporte ao desenvolvimento e à aplicação de conhecimentos e habilidades vocacionais profundos e estimular a ambição empreendedora.

>> PARA REFLETIR

Considere a variedade de formas que o CAVTL sugere que podem dar oportunidades para que empregadores e fornecedores de educação vocacional funcionem como uma via de mão dupla em benefício dos alunos. No momento, o seu empregador está implementando alguma das sugestões em sua abordagem de educação vocacional?

Você tem acesso a desenvolvimento profissional contínuo a fim de manter a sua própria *expertise* vocacional, caso você não seja mais um profissional atuante?

Agora é a sua vez!

1. Considere as habilidades e *expertise* com que você poderia contribuir para os alunos da sua antiga escola ou universidade. Identifique as ligações, conhecimentos e experiências que você poderia trazer para a jornada de aprendizado dos jovens. Como você pode integrar essas ligações com seus alunos atuais e com a matéria que leciona?

2. Explore o *site* da rede social profissional LinkedIn (www.linkedin.com). Realize uma busca por pessoas empregadas em organizações-chave na sua matéria vocacional. Explore as informações disponíveis no perfil delas e reflita sobre o que isso diz sobre suas qualificações, seu progresso na indústria e como esses estudos de caso podem inspirar e motivar seus próprios alunos.

O uso de modelos vocacionais

Não importa se se trata de um ex-aluno bem-sucedido, de um empreendedor local ou mesmo de um profissional trabalhando em um ambiente de educação (como *marketing*, saúde e segurança ou recursos humanos): o uso de modelos vocacionais pode dar aos alunos uma linha de visão clara sobre o valor da educação vocacional.

Com tanta atenção dada ao valor da educação superior, é crucial que os alunos do setor de ensino e treinamento vocacionais ouçam sobre rotas alternativas ao emprego e ao sucesso financeiro da boca de profissionais que seguiram tanto programas de qualificação vocacional quanto uma rota de progresso de aprendizado laboral.

Aprendizado durante estágios

Com muitos empregadores procurando, além de candidatos qualificados, candidatos experientes, os estágios são cada vez mais importantes para conseguir um bom emprego. Independentemente do quanto você acha que os alunos aprenderam sobre sua área vocacional a partir de seus estudos, em um estágio eles obtêm tanta informação e adquirem tantas habilidades quanto nas aulas. Os alunos nunca realmente saberão do que se trata a ocupação sem antes ter vivido o dia a dia na função em um ambiente real de trabalho.

Se o programa de estudo vocacional não prever a prática laboral, estágios oferecem a oportunidade perfeita para obter esse tipo de experiência enquanto ainda se está estudando. Um candidato com estágios no currículo terá mais chances de ser contratado.

>> Agora é a sua vez!

Considere as habilidades vocacionais e as habilidades mais amplas que os alunos podem adquirir com uma experiência em local de trabalho.

Você pode identificar que eles podem:

- adquirir experiência em trabalho em equipe e desenvolvimento de habilidades interpessoais;

- adquirir capacidade de trabalhar em uma equipe e com os colegas ao redor – isso é essencial em qualquer tipo de trabalho; em um ambiente de trabalho, isso envolve um conjunto diferente de habilidades e desafios que eles podem utilizar na escola, faculdade ou universidade;

- desfrutar da oferta de um emprego por parte de uma empresa – bom desempenho em um estágio pode levar a uma oferta de efetivação ao final dele; mesmo se não for possível a oferta de um emprego, os contatos adquiridos e o *networking* feito durante o estágio colocam os alunos em contato com pessoas que podem ajudá-los a ingressar e progredir na carreira que escolherem para o futuro.

>> O que mais seus alunos podem ganhar?

Eles podem:

- começar a entender a relação entre as habilidades que aprenderam em sala de aula e a vida profissional de verdade;

- conseguir aplicar essas habilidades em uma situação de trabalho;

- aprender como desenvolver as habilidades que os empregadores buscam em potenciais funcionários;

- desenvolver experiências preciosas de trabalho em equipe com diversas pessoas diferentes em diferentes níveis;

- aprender o que os empregadores esperam de um funcionário e o que os alunos podem esperar de um empregador.

Você precisa saber o que os empregadores buscam a fim de dar suporte aos seus alunos e prepará-los para sua experiência laboral. Conhecimentos básicos de gramática, matemática e informática estão no topo da lista de habilidades procuradas pelos empregadores. Outras habilidades desejáveis incluem:

- apresentação pessoal;
- ser confiável e pontual;
- ser motivado e entusiasmado;
- capacidade de se comportar de maneira profissional – por exemplo, trabalhar com outras pessoas de vários níveis diferentes.

Habilidades de aprendizado e raciocínio pessoais (*personal learning and thinking skills* – PLTS) são um conjunto de habilidades que podem ser úteis para todos os tutores vocacionais na identificação de um conjunto de habilidades cujo desenvolvimento se dá por meio do trabalho com empregadores e em experiências de estágio. O desenvolvimento de PLTS pode ter um enorme impacto na sua empregabilidade de muitos alunos.

A meta geral do modelo de PLTS é:

Ajudar jovens a se tornarem alunos bem-sucedidos, pessoas confiantes e cidadãos responsáveis. O modelo compreende seis grupos de habilidades que, juntamente com as habilidades funcionais de inglês, matemática e informática, são essenciais para o sucesso no aprendizado, na vida e no trabalho. (QCA, 2007)

O modelo de PLTS compreende seis grupos. A ementa dos padrões de aprendiz (DFE, 2011) salienta o que cada aluno precisa demonstrar em cada uma das seis áreas de habilidade:

Tabela 4.1 » Seis áreas de habilidade para padrões de aprendiz

1. Investigadores independentes	Aprendizes conseguem processar e avaliar informações em suas investigações, planejando o que fazer e como proceder. Eles tomam decisões informadas e justificadas, reconhecendo que os outros possuem crenças e atitudes diferentes.
2. Pensadores criativos	Aprendizes pensam criativamente, gerando e explorando ideias e fazendo conexões originais. Eles experimentam modos diferentes de atacar os problemas, trabalhando com os outros para encontrar soluções criativas e resultados de valor.
3. Alunos reflexivos	Aprendizes avaliam seus pontos fortes e suas limitações, estabelecendo para si metas realistas com critérios de sucesso. Eles monitoram seu próprio desempenho e progresso, solicitando *feedback* dos outros e fazendo mudanças para aprofundar seu aprendizado.

Tabela 4.1 ›› Seis áreas de habilidade para padrões de aprendiz

4. Trabalhadores em equipe	Aprendizes têm confiança ao trabalhar com outros, adaptando-se a diferentes contextos e assumindo a responsabilidade por sua parte. Escutam e levam em consideração visões diferentes. Formam relações colaborativas, resolvendo questões para chegar a resultados em comum.
5. Autogerentes	Aprendizes se organizam, apresentando responsabilidade pessoal, iniciativa, criatividade e empreendedorismo com o comprometimento de aprender e se aprimorar. Adotam ativamente a mudança, respondendo positivamente a novas prioridades, enfrentando desafios e buscando oportunidades.
6. Participantes eficazes	Aprendizes se envolvem ativamente com questões que afetam a eles e a quem está em volta. Desempenham um papel integral na sua escola, faculdade, local de trabalho ou comunidade ao tomar medidas responsáveis para trazer melhorias para os outros e para si.

Envolver os empregadores em todos os estágios da jornada de aprendizado pode auxiliá-los na concepção dos seus programas de estudo a fim de satisfazer as demandas do seu setor vocacional, identificar oportunidades para incorporar inglês e matemática básicos e desenvolver as habilidades pessoais, de aprendizado e de raciocínio dos alunos.

›› Agora é a sua vez!

Pense em como você poderia envolver ativamente os empregadores na concepção e implementação do seu programa de estudo vocacional, seja ele um curso laboral baseado em competências ou um curso vocacional mais geral.

›› Concepção do curso

Como tutor vocacional, é provável que você se veja envolvido no planejamento do seu próprio programa de estudo. Isso pode incluir a elaboração de um "esquema de trabalho" que planifique como uma unidade, módulo ou todo o programa será entregue e avaliado. O planejamento é explorado em mais detalhes no Capítulo 5.

Você pode criar um comitê de empregadores locais e convidar representantes de empregadores de diversas organizações. O comitê pode se reunir regularmente para auxiliar você e seu departamento a planejar e conceber seus programas vocacionais de modo a refletir as necessidades atuais dos setores. O comitê de empregadores pode revisar e dar orientações sobre o planejamento do seu curso, dando contribuições valiosas sobre como as habilidades relacionadas ao empregador poderiam ser mais desenvolvidas ou otimizadas. Os membros do comitê também podem ser fornecedores de materiais e recursos. Tomar parte no comitê pode ajudá-los a cumprir seus compromissos de responsabilidade social corporativa.

Ao montar um comitê de empregadores:

- Tente obter representação de uma variedade de empregadores locais de diferentes indústrias dentro do seu setor vocacional.
- Incentive a representação de organizações dos setores público, privado e voluntário, se possível.
- Convide representantes locais de empresas nacionais ou internacionais para ter uma perspectiva mais ampla.
- Obtenha o apoio da Câmara de Comércio local e de órgãos de incentivo ao empreendedorismo.

>> Ensino e aprendizado

Ao trabalhar com o comitê de empregadores ou com outros contatos, pense em como planejar seu programa de estudos de modo que os empregadores possam contribuir ao ensino e aprendizado da sua matéria.

- Peça que os empregadores venham até o ambiente de aprendizado como palestrantes convidados.
- Peça aos empregadores cópias dos formulários, políticas, procedimentos e documentos que eles usam (quando apropriado), para trazer um nível de realismo às suas atividades em classe.
- Peça que os empregadores participem de atividades práticas para apresentar a visão do setor – por exemplo, participando de entrevistas simuladas de seleção e recrutamento ou dando *feedback* sobre *workshops* em que os alunos aplicam seus conhecimentos e compreensão.
- Alguns empregadores podem estar dispostos a dar-lhe acesso a alguns dos seus sistemas de TI, usando contas de teste ou treino (para que a proteção de dados não seja comprometida), a fim de mostrar aos alunos como os pedidos são processados, como os detalhes são registrados ou como os sistemas são automatizados para satisfazer as necessidades dos clientes.

Aprendendo fora da sala de aula

A criação de uma via de mão dupla com sua rede de empregadores pode dar-lhe acesso a experiências de aprendizado ricas e valiosas fora da sala de aula.

- Combine visitas ao espaço físico dos empregadores, faça uma visita guiada, permita que os alunos falem com os funcionários e observem-nos trabalhando. Pode-se permitir que os alunos tirem fotos ou façam vídeos para enriquecer seus portfólios.
- Desenvolva oportunidades de estágio presencial, experiência de trabalho ou observação.
- Os empregadores podem ser preparados para atuar como mentores, reunindo-se e trabalhando presencialmente com os alunos (um por um ou em pequenos grupos) a fim de desenvolver suas habilidades e elevar suas aspirações.

Avaliação e *feedback*

O comitê de empregadores pode ajudá-lo na concepção das atividades de avaliação e na revisão das suas propostas de trabalhos para que elas reflitam cenários realistas. O uso de documentos reais e a atuação como observadores especialistas pode dar suporte à avaliação prática por meio de observações, o que se explora em pormenores no Capítulo 7.

Agora é a sua vez!

Faça uma lista de todos os empregadores com os quais você tem ligações atualmente. Identifique se há áreas ainda sem representação. Trabalhe com seus gerentes de departamento para montar um comitê de empregadores para trabalhar com você em todos os estágios da jornada de aprendizado. Trabalhe com o comitê para desenvolver oportunidades de aprendizado emocionantes, aplicadas e empíricas.

›› Estudos de caso de empregadores

Se empregadores ocupados não puderem ou não quiserem visitar a instituição em que você trabalha, ou se o seguro ou considerações de saúde e segurança impedirem visitas ao local, os empregadores podem fornecer estudos de caso relacionados aos seus negócios e às pessoas que trabalham lá.

Estudos de caso podem oferecer oportunidades envolventes para que os alunos apliquem seus conhecimentos e compreensões fundamentais. Estudos de caso não precisam ser escritos, mas o uso de multimídia pode ajudar a dar-lhes vida.

›› Agora é a sua vez!

O *site* http://www2.espm.br/centraldecases oferece uma grande variedade de estudos de caso baseados em empresas de alto nível. Explore-o e identifique um ou dois estudos de caso que teriam utilidade na sua matéria vocacional.

›› Redes sociais

É fácil perceber como a explosão das redes sociais atingiu muitos dos nossos alunos. Para eles, atualizar seu *status* no Facebook e seus *feeds* no Twitter é parte da rotina. As redes sociais também são muito bem utilizadas pela maioria dos empregadores, podendo ser exploradas pelos tutores para trazê-los ao ambiente de aprendizado por via remota.

Tabela 4.2 ›› **Redes sociais para alunos da educação vocacional**

Facebook www.facebook.com	O maior *site* de relacionamento do mundo. Muitos empregadores usam o poder do público do Facebook para se comunicar com seus clientes, publicando atualizações sobre notícias da empresa, ofertas e promoções.
Twitter http://twitter.com	O *site* de *microblogging* permite que as empresas mantenham seus seguidores atualizados em até 140 caracteres. Seguir uma variedade de empregadores dá a você e seus alunos acesso a uma grande quantidade de atualizações, links e notícias sobre o setor.

Tabela 4.2 >> Redes sociais para alunos da educação vocacional

LinkedIn www.linkedin.com	O LinkedIn, um *site* de relacionamentos profissionais, apresenta o perfil e o histórico profissional de muitos funcionários de alto padrão em praticamente todos os setores de trabalho. Explore os perfis de funcionários de organizações de alto padrão em cada setor, investigando suas ofertas de trabalho, suas progressões de carreira e links para grupos específicos por matéria.
YouTube www.youtube.com	Uma ferramenta de ensino essencial para qualquer tutor vocacional, este *site* de compartilhamento de vídeos oferece uma grande variedade de recursos visuais para empresas e empregadores que querem mostrar e compartilhar o que fazem. Traga as empresas para a sua sala de aula ou seu ambiente virtual de aprendizagem por meio de vídeos *on-line*.
Pinterest www.pinterest.com	Um serviço de compartilhamento de conteúdo que permite que os membros "colem" imagens, vídeos e outros objetos em seus painéis. Muitas empresas têm seu próprio painel no Pinterest para compartilhar imagens, artigos e notícias de uma maneira muito visual.

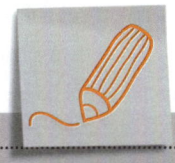

>> Agora é a sua vez!

Entre na Internet e explore os inúmeros *sites* e aplicativos de redes sociais. Considere criar a sua própria conta sobre a sua matéria no Twitter e fazer seus alunos "seguirem-no". "Siga" no Twitter dez empregadores especializados na sua matéria e "retuíte" aos seus alunos as postagens mais relevantes.

>> ESTUDO DE CASO

Jenny é treinadora em produção de mídias digitais para um fornecedor independente de aprendizado.

A minha carreira na televisão iniciou na metade dos anos 1980, quando saí da faculdade. Na época, não existiam estudos de mídia. Meus orientadores sugeriram que eu desenvolvesse habilidades secretariais práticas, então eu obtive um Diploma Secretarial da Pitman™. As habilidades que aprendi nesse curso tornaram-se indispensáveis à medida que a minha carreira progrediu.

(Continua)

(Continuação)

Consegui meu primeiro emprego no setor como assistente editorial do setor de esportes do noticiário da manhã, e logo percebi que era essa carreira que eu queria seguir. Eu aprendia rápido; adorava esportes e conheci os processos relacionados à produção televisiva. Passei rapidamente para a função de assistente de produção em um noticiário de alto padrão. Enquanto estava lá, o editor sugeriu que eu deveria buscar treinamento como jornalista e produtora, o que eu fiz, nunca tendo me arrependido. Dezoito anos depois, eu havia ganhado diversos prêmios por meus documentários contundentes e viajado por todo o mundo produzindo programas com líderes mundiais, ditadores, personalidades dos esportes e estrelas de Hollywood.

Durante meu período na indústria, trabalhei com muitos estagiários, mostrando-lhes os macetes e dando-lhes o gostinho de trabalhar nesse setor dinâmico, porém desafiador. Foi apenas quando me pediram para contribuir em um novo programa de treinamento educacional que eu percebi que havia toda uma geração de jovens que eram fascinados pelo trabalho com mídia, mas que não tinham a menor ideia de como fazê-lo. Muitos desses jovens não se engajavam na escola, saindo sem qualquer qualificação formal para uma vida sem educação, treinamento ou emprego.

Foi por isso que, em 2009, eu deixei a indústria da mídia para criar uma organização que oferecesse habilidades vocacionais em mídia para jovens desfavorecidos. Eu queria dividir minhas experiências e habilidades para ajudá-los a se preparar para um emprego de nível de entrada na indústria. A indústria é frustrante: deve ser a única no mundo onde um graduado em Oxford ou Cambridge e um jovem sem qualquer qualificação querem o mesmo emprego – com as mesmas aspirações. Como a indústria da mídia é muito elitista e competitiva, os executivos precisam escolher os jovens mais inteligentes e persistentes. Que chances têm aqueles sem qualificação formal ou experiência? No entanto, as indústrias criativas precisam de pessoas com todo tipo de história e trajetória para continuar provendo conteúdo digital de qualidade mundial que sirva à sociedade como um todo.

Como tutora vocacional, já trabalhei com muito jovens que abandonaram a escola ou a faculdade. Alguns eram delinquentes juvenis e muitos sofreram um baque em sua confiança. Os nossos alunos têm envolvimento prático desde o início. Nós lhes damos habilidades em produção de vídeo digital, uso de câmeras HD, iluminação, som e *software* de edição. Desenvolvemos sua compreensão de como trabalhar em equipe a fim de criar conteúdo digital, projetar *sites*, transformar clipes em vídeos e como a computação em nuvem pode otimizar o trabalho em equipe.

Eles realizam projetos de mídia ao vivo que realmente os desafiam. Eles enxergam a relevância para o aprendizado e conseguem se engajar nas tarefas que desempenham. Isso ajuda a mantê-los motivados e envolvidos. As tarefas são desafiadoras, e isso surpreende muitos. Todos eles assistem à TV e acham que é fácil ser apresentador, diretor ou entrevistador. Todos eles passam o dia todo envolvidos com mídia: é uma parte importante da sua vida e identidade.

Os tutores são todos profissionais da indústria, tendo trabalhado para grandes canais de TV. Os alunos respeitam suas experiências e históricos e sabem que estão aprendendo com quem tem *know-how*. Eles ajudam os alunos a adquirir novas habilidades rapidamente, e nós vemos a percepção que eles têm sobre a mídia e do que eles são capazes. Eles recebem um certificado reconhecendo suas habilidades, mas também se trata de elevar as suas aspirações, desenvolvendo sua confiança e aprimorando suas habilidades sociais e comunicativas mais amplas. Para mim, esse tipo de treinamento vocacional prático é uma rota essencial para os jovens que não tiveram a oportunidade de formarem-se em cursos acadêmicos.

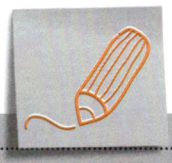

>> Agora é a sua vez!

Quais cursinhos e oportunidades de enriquecimento existem na sua matéria vocacional? Existem empresas locais que poderiam dar aos seus alunos acesso a profissionais da indústria?

>> ESTUDO DE CASO

Alan é professor de serviços públicos em uma grande faculdade de formação complementar.

Eu servi no exército por 33 anos antes de entrar na *further education*, dois anos atrás. Servi na infantaria, começando minha carreira como marechal e, no fim, chegando à patente de major. Já servi em todo o mundo, inclusive em diversas missões operacionais na Irlanda do Norte, na Bósnia e no Iraque.

Instruí soldados em diversas missões durante minha carreira, incluindo uma missão de dois anos em que dei aula para oficiais na Academia Militar Real de Sandhurst. O destaque da minha carreira foi quando recebi reconhecimento nacional pelo meu trabalho no Iraque, onde liderei uma equipe que treinou uma unidade policial iraquiana de elite.

O ensino no serviço público é raridade, já que muitos alunos querem ingressar em um cargo público, mas, na realidade, têm poucas chances de atingir esse objetivo, uma vez que a concorrência pelos postos é muito grande. O curso, embora de natureza vocacional, é diferente de estudos para cabeleireiro ou mecânico, que têm habilidades diretas que levam a possíveis empregos. O curso de serviço público possui um amplo leque de matérias que, de certa maneira, auxiliam na obtenção de emprego, mas não apenas no serviço público. O curso faz dos alunos cidadãos melhores, pois eles trabalham em equipe, têm uma abordagem de trabalho mais disciplinada e estão mais confiantes no fim do curso. A maneira de ensinar as matérias no curso é, quando possível, ligar as unidades a situações reais do serviço público, para que você as possa trazer à vida e mostrar sua relevância.

Neste ano, coube-me a liderança da Unidade 2: Trabalho em equipe e liderança em serviços públicos uniformizados. Essa é uma matéria com a qual os alunos tiveram dificuldades no passado, especialmente com o trabalho centrado em teorias de desenvolvimento de equipes. No passado, ele era um trabalho escrito, sem ligação direta com um serviço público. Eu mudei o método de avaliação para uma apresentação, ligando-a a uma situação real: um grupo de soldados em treinamento. Foi um sucesso estrondoso, com todos os alunos obtendo conceito Aprovado ou Com mérito. Eu inclusive tive alunos que aplicaram as teorias ao seu humor em aula – um importante resultado!

(Continua)

(Continuação)

Panorama do Curso de Iniciação ao Exército Territorial

A faculdade, em cooperação com o regimento local do TA, realizará um Curso de Iniciação ao Exército Territorial (TA) de seis semanas, sediado no Centro do TA. O curso está aberto para todos os alunos em Nível 3 do segundo ano em Serviço Público Uniformizado.

Objetivo

Os objetivos do curso são:

- aumentar as oportunidades de carreiras para todos os alunos participantes;
- ampliar o conhecimento dos alunos sobre o TA;
- ter uma experiência divertida e envolvente na faculdade;
- obter uma referência de um serviço público uniformizado;
- dar aos alunos uma oportunidade de voluntariado, uma vez que o TA é uma organização voluntária.

Seleção

Vinte e cinco alunos poderão frequentar o primeiro curso. A seleção é baseada em dados de assiduidade e rendimento e em uma entrevista de seleção. Apenas alunos comprometidos e dedicados devem se candidatar.

Conteúdo do curso

O conteúdo do curso inclui:

- noções de treinamento com armas;
- primeiros socorros;
- tarefas de comando;
- camuflagem e ocultação;
- tática básica;
- instrução;
- tiro;
- leitura de mapas.

Resumo

O curso lhe dará uma oportunidade de vivenciar em primeira mão a vida no TA e lhe dará mais evidências para a Unidade 2: Trabalho em equipe e liderança e para a Unidade 4: Disciplina.

O ensino no Curso Público Uniformizado é uma tarefa muito gratificante e divertida. O segredo do sucesso é manter o curso real, com o máximo de ligações com os serviços públicos. Eu recomendaria que os tutores vocacionais tentassem levar os alunos ao máximo de excursões que conseguirem, pois isso os mantém envolvidos e amplia seus horizontes sobre outros serviços que eles talvez não tenham considerado antes. Como professor, você deve sempre ter em mente que muitos deles não farão uma carreira no serviço público uniformizado, mas o que eles aprendem no curso os tornará mais atrativos para qualquer empregador futuro.

Agora é a sua vez!

Como um experiente ex-soldado, Alan consegue infundir vida em sua matéria e organizar experiências com empregadores que proporcionam experiências de aprendizado reais e envolventes. Pense na sua matéria e nas suas próprias ligações com empregadores e a indústria. Que cursos de iniciação, excursões, visitas ou palestrantes convidados você poderia arranjar para proporcionar oportunidades valiosas de experiência pessoal em primeira mão sobre a matéria?

LEITURAS COMPLEMENTARES

CAVTL (Commission on Adult Vocational Teaching and Learning) (2013) *It's about work... Excellent adult vocational teaching and learning*. Londres: Learning and Skills Improvement Service.
Coffield, F e Williamson, B (2011) *From Exam Factories to Communities of Discovery: The Democratic Route* (Bedford Way papers 38). Londres: IOE Publications.
Faraday, S, Overton, C e Cooper, S (2011) *Effective Teaching and Learning in Vocational Education*.
Londres: LSN.
Institute for Learning (2013) *Leading Partnerships with Employers and Building Collaborative Professionalism: Towards Excellence in Vocational Education*.
Lucas, B, Spencer, E e Claxton, G (2012) *How to Teach Vocational Education: A Theory of Vocational Pedagogy*. Londres: City and Guilds Centre for Skills Development.
157 Group (2012) *Great Teaching and Learning*. www.157group.co.uk/files/great_teaching_and_learning.pdf

SITES

Facebook: www.facebook.com
Future First: www.futurefirst.org.uk
LinkedIn: www.linkedin.com
Local Enterprise Partnerships Network: www.lepnetwork.org.uk
Pinterest: www.pinterest.com
Times 100 Business Case Studies: www.businesscasestudies.co.uk
Twitter: www.twitter.com

REFERÊNCIAS

DfE (2013) *Work Experience and Non-qualification Activity*. Disponível em: http://www.education. gov.uk/schools/teachingandlearning/qualifications/b00223495/post-16-work-exp-enterprise-educ (acessado em 27 de agosto de 2013).
DfE/BIS (2011) *Specification of Apprenticeship Standards for England*. Londres: Department for Business, Innovation and Skills.
CAVTL (Commission on Adult Vocational Teaching and Learning) (2013) *It's About Work... Excellent Adult Vocational Teaching and Learning*. Londres: Learning and Skills Improvement Service.
QCA (2007) *A Framework of Personal, Learning and Thinking Skills*. Coventry: Qualifications and Curriculum Authority.

capítulo 5

Planejando a sua abordagem

Não se deve subestimar a importância do bom planejamento. Programas de estudo vocacional muitas vezes demandam um planejamento mais meticuloso do que as qualificações gerais, devido à natureza diversificada dos ambientes de aprendizado e ao envolvimento de empregadores, como discutido no Capítulo 4.

Neste capítulo, exploramos diferentes abordagens para planejar o seu programa de aprendizado vocacional, os documentos que podem ajudá-lo e algumas das considerações necessárias para elaborar oportunidades de ensino, aprendizado e avaliação envolventes, motivadoras e focadas no emprego.

Objetivos de aprendizagem

» Avaliar as considerações importantes para planejar o aprendizado vocacional.

» Empregar as ferramentas de planejamento de aula.

» Aplicar modelos de ensino.

» Reconhecer o papel da avaliação inicial e estilos ou preferências de aprendizado.

>> Principais considerações de planejamento

Ao planejar seu programa de estudo vocacional e cada aula individual, pode ser útil considerar uma variedade de fatores, incluindo:

- A quem você está lecionando e como poderá saber quais são suas necessidades?
- Onde você está lecionando, quais instalações estão disponíveis e a quais recursos especializados você terá acesso?
- Como você lecionará, quais modelos e estratégias utilizará e como eles se alinham às demandas da ementa?
- Quais habilidades de ensino você usará, de qual desenvolvimento profissional você precisa e que material de apoio existe para ajudá-lo?
- Quais são os cronogramas envolvidos, as principais datas de integração, avaliação e valoração e quais restrições de horários e feriados moldarão seu projeto de programa de aprendizado?
- Como você se envolverá com empregadores e quais excursões, visitas e palestrantes convidados você encaixará no seu programa para desenvolver ligações com empregadores e dar oportunidades de aprendizado empírico?
- Como você engajará e motivará seus alunos, assegurando que eles se sintam emocional e fisicamente seguros e promovendo uma mentalidade de crescimento na sua abordagem?
- Como fazer com que os riscos sejam constantemente avaliados e que sejam tomadas todas as medidas necessárias para reduzir o perigo tanto para os funcionários quanto para os alunos?
- Como você avaliará o progresso e o rendimento dos seus alunos e registrará sua competência em habilidades?

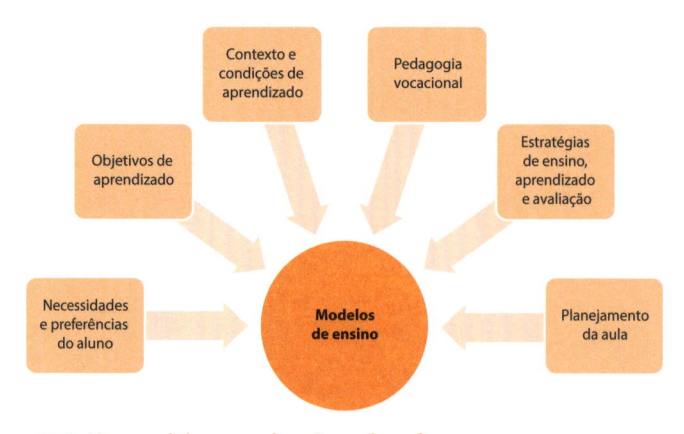

Figura 5.1 Um modelo para planejar aulas eficazes.

Tabela 5.1 » Exploração de um modelo para planejar aulas eficazes

Necessidades e preferências do aluno	As suas aulas terão que satisfazer as necessidades diversas de todos os seus alunos. O planejamento deve considerar quais são essas necessidades e como você as satisfará em cada aula, possibilitando que todos os indivíduos tenham um bom progresso por meio do desafio ideal.
Objetivos de aprendizado	Para qualificações acreditadas, você precisará considerar cuidadosamente os objetivos de aprendizagem de cada unidade ou módulo, para que os alunos possam desenvolver conhecimento, compreensão e habilidades necessários para satisfazer os critérios de avaliação.
Contexto e condições de aprendizado	Talvez o seu ambiente de aprendizado seja uma sala de aula de uso geral, mas muitas matérias são ensinadas com o apoio de equipamento, instalações e recursos especializados para incrementar o ensino matéria. A disponibilidade de recursos influencia o modo como você planeja suas aulas e as atividades que elabora para os alunos.
Pedagogia vocacional	Como fazer com que a sua aula reflita os padrões profissionais do setor e seja realista a respeito dos empregadores e empreendimentos? Faça com que o planejamento da sua aula privilegie o aprendizado de modo empírico, ligue-se ao mundo real do trabalho e dê oportunidades para que os alunos se envolvam com empregadores.
Estratégias de ensino, aprendizado e avaliação	Em vez de simplesmente "usar giz e falar", o ensino e treinamento vocacionais de excelência devem utilizar uma série de métodos e estratégias de ensino, aprendizado e avaliação, a fim de envolver e motivar os alunos.
Modelos de ensino	Ao estruturar a sua aula, pode ser que uma abordagem pedagógica (ou andragógica) específica lhe seja útil. Um modelo de ensino pode lhe ajudar a estruturar as aulas e a moldar a sua abordagem de aprendizado.

» Documentos de planejamento

Para ajudar a planejar, registrar e organizar sua abordagem de aprendizado, os tutores são aconselhados (e, muito frequentemente, obrigados por seus empregadores) a criar uma variedade de documentos de planejamento.

» Programa da disciplina

O programa da disciplina é um plano detalhado de toda uma unidade ou módulo de estudo, mostrando o que será visto em cada semana (conteúdo programático). Muitos programas incluem objetivos de aprendizagem (a partir da ementa da organização concedente, no caso de conteúdo acreditado), principais datas e cronograma, incluindo critérios de avaliação e relação com o desenvolvimento de habilidades mais amplas. Para ver um exemplo, consulte o Apêndice 1.

» ESTUDO DE CASO

Catherine é professora de negócios em uma grande instituição de *further education*.

Os cursos vocacionais exigem que os alunos atendam a critérios fixos. O meu papel é encontrar o máximo possível de formas diferentes de ajudar os alunos a cumprir esses critérios, de modo a prepará-los para o trabalho no mundo real. Nos negócios, o recrutamento gira em torno de conseguir a "pessoa" – as habilidades técnicas vêm com o tempo. Os processos de recrutamento são, em grande parte, moldados em torno das habilidades mais suaves de inovação, perseverança, trabalho em equipe, gestão do tempo e resolução de problemas.

Eu acredito que o segredo para prover aprendizado vocacional não é a quantidade de conteúdo coberto, mas a maneira como o ensino é planejado, concebido e entregue. Os ambientes de aprendizado devem estimular os alunos a explorar ideias novas e experimentar maneiras diferentes de fazer as coisas e descobrir novas oportunidades. Os meus programas de disciplina não enfocam tanto o que será coberto em cada semana, mas como será coberto. Para cada unidade, eu acoplo o conteúdo a ser coberto com colunas de "como trazê-lo à vida". Isso envolve palestrantes convidados, desafios reais (como trabalhar com a equipe de *marketing* da faculdade, fazer um teste de "cliente oculto" em lojas da região e apresentar os resultados para elas) e trabalhar em desafios empresariais nacionais.

Facilitação é a chave. Quanto mais os alunos fizerem por si só, mais eles desenvolverão essas habilidades mais suaves. Isso exige que o tutor saiba improvisar, seja criativo, assuma alguns riscos e não tenha medo de desviar do plano. O mais importante é reservar tempo para buscar novas oportunidades – por exemplo, entrar no grupo de *networking* empresarial local.

Assim, o programa da disciplina feito no início do ano tem que ser flexível. Ele fica todo rabiscado, pois coisas foram alteradas, deslocadas, acrescentadas. Ele inclui *post-it*® com lembretes. Inclusive, hoje se recomenda isso em vez dos esquemas perfeitamente elaborados que costumam ser apresentados.

> ## Agora é a sua vez!
>
> Após ler a abordagem de Catherine ao planejamento do aprendizado vocacional, identifique duas ações que você poderia tentar integrar na sua abordagem de ensino.

Plano de aula

O plano de aula apresenta um discriminativo detalhado da atividade essencial do tutor e dos alunos em uma aula ou oficina. O plano de aula normalmente inclui:

- a data e o horário da aula;
- o nome do tutor;
- o local da aula;
- os detalhes de unidade/módulo e o tópico da aula;
- os principais resultados de aprendizado;
- utilização do tempo;
- principal atividade do tutor;
- o que os alunos farão;
- como a aula é diferenciada para satisfazer as necessidades individuais dos alunos;
- identificação de oportunidades para desenvolver as habilidades funcionais de língua materna e matemática dos alunos e as habilidades pessoais de aprendizado e raciocínio;
- principais recursos necessários para a aula;
- como os alunos serão exigidos e desafiados;
- a melhor forma de usar o suporte durante a aula para que os alunos consigam atingir os resultados identificados;
- considerações sobre eventuais circunstâncias especiais e questões de saúde e segurança;
- estratégias e métodos de avaliação formativa e somativa;
- detalhes sobre estudos dirigidos ou temas de casa após a aula;
- indicações para a próxima aula e conteúdo relacionado;
- uma área para reflexão imediata sobre a ação e plano de ação para o futuro.

A partir dessa lista abrangente, fica claro que o tutor menos experiente pode demorar um pouco para elaborar um plano de aula detalhado. Se você ensina e treina 24 horas ou mais por semana, a elaboração de um plano detalhado para cada aula pode ser impraticável.

Muitos tutores estão começando a adotar uma abordagem cuja principal ferramenta é o programa da disciplina. Qualquer que seja o método de planejamento adotado, o principal é que os documentos que você criar lhe sejam úteis e o ajudem a planejar experiências de aprendizado significativas e eficazes que atendam às necessidades de todos os seus alunos.

» Perfil de grupo

A fim de ajudar a planejar o aprendizado para atender às necessidades de cada aluno, muitos tutores consideram um documento de perfil da classe uma útil ferramenta de planejamento. Às vezes chamada de "análise de população", a ficha de perfil frequentemente inclui uma avaliação inicial e um diagnóstico de cada aluno do grupo. Essas informações podem ser úteis para moldar a sua abordagem de ensino, aprendizado e avaliação, incluindo a sua escolha de modelos de ensino e estratégias de avaliação.

Via de regra, o perfil de grupo inclui:

- nome (incluindo nome ou apelido), idade e gênero;
- detalhes sobre todas as qualificações prévias ou de aprendizado;
- resultado das avaliações iniciais – por exemplo, avaliações de língua materna e matemática ou uma avaliação de habilidades vocacionais, como teste artístico, entrevista ou avaliação de habilidades práticas;
- qualquer diferença ou deficiência de aprendizado;
- qualquer alergia ou necessidade específica registrada;
- qualquer outro fator que afete seu ritmo e nível de aprendizado.

» Agora é a sua vez!

Investigue as políticas da sua organização sobre planejamento de aprendizado e os modelos fornecidos para estruturar e registrar o seu planejamento de aula. É fornecido um modelo útil para registrar tudo que você precisa a fim de planejar um aprendizado que satisfaça as necessidades individuais?

> **>> PARA REFLETIR**
>
> É esperado que você elabore um plano de aula para cada aula? Reflita sobre quais você acha que são as vantagens e desvantagens de usar um programa de disciplina mais detalhado como a principal ferramenta de planejamento.

>> Saúde e segurança

- Na educação vocacional, é vital reconhecer e lidar com o papel da saúde e segurança no seu planejamento. Isso pode ser feito:
- fazendo com que a entrega do programa vocacional lide com saúde e segurança de uma maneira clara e significativa;
- integrando mensagens de saúde e segurança no treinamento feito na instituição de ensino e no local de trabalho, relacionadas às principais competências da qualificação e rota escolhida pelos alunos;
- por meio de integração por parte de empregadores ou supervisores antes que os alunos sejam admitidos no ambiente de trabalho;
- apoiando aprendizado em faculdade e integrações por empregador por meio do uso de materiais como manuais, *sites* e DVDs;
- fazendo com que áreas de alto risco (como oficinas, espaços de performance, laboratórios, fazendas e ambientes envolvendo animais, crianças, químicos e ferramentas) recebam avaliação de risco adicional e especializada;
- sujeitando todas as atividades dirigidas pelo fornecedor (como excursões e visitas) a processos adequados de avaliação de risco e obtendo as permissões pertinentes.

>> Agora é a sua vez!

Quais são as políticas e os procedimentos relacionados à garantia da saúde e segurança de funcionários e alunos na sua área vocacional? Você considera a sua matéria uma área de "alto risco"? Quais medidas você toma para diminuir o risco de dano aos seus alunos?

Modelos de ensino

Modelos de ensino podem ser muito úteis ao se considerar como planejar, sequenciar e estruturar a sua abordagem em uma aula. Para muitos tutores do setor de ensino e treinamento vocacionais, as aulas podem durar até três horas, exigindo uma estruturação cuidadosa para manter os alunos envolvidos e motivados.

Uma pesquisa da Learning and Skills Network e do City and Guilds Centre for Skills Development (Faraday et al. 2011) identificou que muitos modelos populares de ensino não são compreendidos nem utilizados por muitos na educação vocacional. Eles definem que os modelos de ensino possuem duas características distintivas:

1. **uma sequência definida de etapas ou fases** ligada a

2. **um tipo de objetivo de aprendizado e resultado de aprendizado**.

Um modelo de ensino simples pode ser imaginar que cada aula é uma boa refeição, apresentando componentes fixos que seguem uma sequência particular. Veja a Tabela 5.2.

Tabela 5.2 >> **Componentes da "refeição" da aula vocacional**

A entrada	Uma entrada de aprendizado, atiçando o apetite dos alunos por mais.
O prato principal	O principal corpo de aprendizado, no qual a maioria do aprendizado ocorre, seja por informações dadas pelo tutor ou com os alunos trabalhando em atividades para aplicar, experimentar e consolidar o aprendizado.
A sobremesa	O momento de recapitular o conteúdo, sintetizá-lo e verificar se o aprendizado realmente ocorreu. Definir metas para a próxima aula.

Petty (2006) propõe o modelo de ensino "apresentar, aplicar, revisar" (*present, apply, review* – PAR) como um modo de estruturar uma aula.

Tabela 5.3 ›› Modelo PAR de ensino. Baseado em "Structure for teaching a topic: the PAR model", de *Evidence Based Teaching*, de Geoff Petty (2006)

Apresentar	Aplicar	Revisar
Apresenta-se material novo – por exemplo, conhecimento, raciocínios, teorias.	Os alunos trabalham para atingir um objetivo desafiador – por exemplo, resolver problemas, tomar decisões, criar.	O aprendizado é sintetizado e revisado a fim de explorar se as metas e os objetivos foram cumpridos.
Estratégias típicas incluem apresentações de PowerPoint® e demonstrações.	Normalmente, os alunos se envolvem em uma variedade de tarefas práticas e experienciais.	Estratégias de aprendizado podem incluir notas, debate, revisões, testes e provas.

O psicólogo da educação Robert Gagne propôs uma teoria de projeto instrucional em nove estágios que pode ajudar os tutores a estruturar suas aulas:

1. Obter a atenção dos alunos.

2. Informar os objetivos de aprendizado aos alunos.

3. Recordar o aprendizado anterior (incrementar o conhecimento anterior).

4. Apresentar o estímulo (conteúdo).

5. Dar orientação ao aprendizado.

6. Estimular o desempenho (praticar).

7. Dar *feedback*.

8. Avaliar o desempenho dos alunos.

9. Otimizar retenção e transferência (para o trabalho).

» Reconhecimento e registro de progresso e conquistas (RARPA)

No Reino Unido, foi desenvolvida uma estrutura para reconhecer e registrar o progresso e as conquistas em programas não acreditados (como aprendizado adulto mais informal) que não estão sujeitos às estruturas e aos requisitos dos modelos de qualificação nacional.

A aplicação do RARPA promove boas práticas de ensino e aprendizado ao colocar os alunos no centro do processo de aprendizado.

O processo planejado do RARPA consiste em cinco elementos:

1. Metas: adequadas a um aluno individual ou a grupos de alunos.
2. Avaliação inicial: para estabelecer o ponto de partida do aluno.
3. Objetivos/resultados de aprendizagem desafiadores: identificação de objetivos apropriados para o aluno.
4. Avaliação formativa: reconhecimento e registro de progresso e conquistas durante o programa.
5. Avaliação somativa: autoavaliação do aluno ao fim do programa; revisão do progresso e rendimento geral por parte do tutor.

» Agora é a sua vez!

Pense na aula que você irá planejar. Qual modelo de ensino seria mais útil? Por quê? Você acha que o modelo que você escolhe depende do que e a quem você está lecionando?

Pense no seu próprio modelo de ensino e na sequência de estágios que você acha ser a mais apropriada.

❯❯ Avaliação inicial e diagnóstico

A fim de planejar o aprendizado vocacional para que ele atenda às necessidades específicas de cada aluno, é necessário investigar quais são essas necessidades e estabelecer o ponto de partida. Uma série de ferramentas (tanto eletrônicas quanto em papel) é utilizada para obter informações que ajudem os tutores a realizar um planejamento de aprendizado detalhado e apropriado para satisfazer as necessidades identificadas. Ferramentas de avaliação inicial podem incluir:

- ficha de cadastro;
- entrevista;
- teste artístico;
- avaliação de habilidades práticas;
- avaliação de letramento;
- avaliação de matemática básica/habilidades com números;
- exercício de redação livre;
- análise de estilos e preferências de aprendizado.

❯❯ Estilo de aprendizado: amigo ou inimigo?

Muito já se escreveu sobre o uso de questionários de estilo de aprendizado como mais uma ferramenta do processo de avaliação inicial. Muitas organizações costumam criar ferramentas de estilos de aprendizado a fim de identificar as preferências e as abordagens de aprendizado dos seus alunos para personalizar o planejamento das aulas.

Um dos modelos mais populares de estilos de aprendizado é o modelo Visual Auditivo Sinestésico (Visual Auditory Kinaesthetic – VAK ou VARK) (Fleming, 2001). Esse modelo sugere que os alunos podem ter uma preferência (não necessariamente uma facilidade) de abordagem e assimilação de aprendizado se ele for entregue e apresentado de uma maneira específica – por exemplo, para quem prefere aprender visualmente, por meio de diagramas, ilustrações e modelos visuais; para quem parece adquirir conhecimento e desenvolver compreensão por meio da escuta, fala por parte do tutor, debates e áudio; e para quem tem uma preferência de aprendizado sinestésica, mediante aprendizado por experiência, abordagens com a "mão na massa", tarefas empíricas e atividades.

Agora é a sua vez!

Quais você acha que são as vantagens e desvantagens do uso de ferramentas que identificam a preferência/estilo de aprendizado dos seus alunos?

A popularidade de ferramentas acessíveis de estilo de aprendizado alastrou-se pelo setor de FE e Habilidades, mas todos os tutores e profissionais devem ter muita cautela. É fácil "rotular" alunos e seus "estilos de aprendizado", mas isso pode ter sérias consequências na mentalidade dos alunos e nos métodos de ensino dos tutores.

Questionários básicos preenchidos em poucos minutos, em uma ocasião única, darão poucas informações valiosas e confiáveis sobre como empregar abordagens de aprendizado sob medida. Mesmo se isso fosse possível, é nossa responsabilidade como tutores preparar nossos alunos para serem flexíveis, adaptáveis e inventivos o suficiente para lidar com uma variedade de experiências e abordagens de aprendizado. O mundo do trabalho e da educação superior não será apresentado em um estilo específico, então é nossa responsabilidade desenvolver as estratégias e abordagens dos alunos por meio de uma variedade de métodos e mídias.

A crítica de Coffield et al. (2004) sobre diferentes ferramentas de estilo de aprendizado destaca as diferentes escolas de pensamento e a variedade de modelos teóricos pelos quais as pessoas aprendem. Honey e Mumford (1982) identificam quatro preferências diferentes (ou modos pelos quais as pessoas preferem aprender), cada uma relacionada a um estágio diferente do ciclo do aprendizado. Eles chamam esses estilos preferidos de aprendizado de: ativista, reflexivo, teórico e pragmático. Alguns alunos se sentem mais confortáveis funcionando em apenas um "modo"; já outros, em dois ou até três. O modelo é muito utilizado em negócios, liderança e gestão, mas traz considerações para o profissional da educação vocacional.

Ativistas

Os ativistas rapidamente se envolvem com experiências novas. Eles gostam do aqui e agora, dispondo-se de bom grado a ser dominados por experiências imediatas. A sua filosofia é: "Experimentarei tudo pelo menos uma vez". Eles estão sempre procurando novas abordagens/experiências. Aprendem pior com situações passivas, como ler ou assistir a palestras. Não gostam de trabalho solitário, tarefas repetitivas, situações que exigem preparação detalhada ou ter que revisar suas oportunidades e realizações de aprendizado.

Reflexivos

Os reflexivos gostam de observar, ponderar e se distanciar para considerar as diferentes perspectivas. Eles coletam dados, analisam-nos exaustivamente e pensam a respeito deles a partir de todas as perspectivas possíveis antes de chegar a conclusões definitivas. Estas são postergadas o máximo possível. De fato, a sua visão filosófica é de cautela. Eles gostam de observar outras pessoas em ação e são discretos – por exemplo, em encenações e debates. Pensam antes de falar. Tendem a adotar um perfil discreto e têm um ar ligeiramente distante, tolerante e impassível.

Os reflexivos aprendem melhor com atividades em que podem se distanciar, escutar e observar. Eles gostam de coletar informações e ter tempo para pensar a respeito delas antes de emitir uma opinião ou agir. Eles gostam de avaliar o que aconteceu. Os reflexivos aprendem mais quando não são apressados, têm informação insuficiente ou não têm tempo para planejar, e quando são obrigados a ser o centro das atenções em uma encenação ou liderando um debate.

Teóricos

Os teóricos gostam de analisar e sintetizar. Eles assimilam e convertem fatos e observações contrastantes em teorias coerentes e lógicas. A sua filosofia aprecia a racionalidade e a lógica acima de tudo. Eles elucubram os problemas de uma maneira lógica, passo a passo. Costumam ser perfeccionistas, não descansando até que as coisas estejam em uma ordem lógica. São ávidos por pressupostos, princípios, teorias, modelos e pensamento sistemático. Tendem a ser controlados, analíticos e dedicados à objetividade racional. Sentem-se desconfortáveis com juízos subjetivos, ambiguidade e pensamento lateral.

Os teóricos aprendem melhor quando lhes é oferecido um sistema, modelo, conceito ou teoria, mesmo quando a aplicação não é clara ou as ideias são distantes da realidade atual. Eles gostam de trabalhar em situações estruturadas, com uma finalidade clara, e de poder explorar associações e inter-relações, questionar pressupostos e lógicas, analisar razões e generalizar. Não aprendem bem quando se deparam com atividades que carecem de profundidade ou quando não há recursos ou informações à disposição. Eles realmente apreciam ser intelectualmente desafiados.

Pragmáticos

Os pragmáticos são ávidos por novas ideias, teorias e técnicas, para ver se elas realmente funcionam. Eles são do tipo de aluno que, depois da aula, está cheio de ideias novas que logo quer por em prática. Eles gostam de tocar as coisas adiante, pondo em prática ideias que os atraem, com rapidez e confiança. Tendem a ficar impacientes com debates intermináveis e abertos. São pessoas essencialmente práticas, "pé no chão", que gostam de tomar decisões práticas e resolver problemas.

Os pragmáticos aprendem melhor quando existe um laço óbvio entre o tema e sua especialidade. Eles gostam de ser expostos a técnicas ou processos claramente práticos, com relevância imediata e que eles provavelmente conseguirão implementar. Os pragmáticos aprendem melhor quando a atividade não possui benefícios ou recompensas imediatos e os eventos de aprendizado não se relacionam à sua situação/especialidade.

» Agora é a sua vez!

1. Considere como a sua especialidade atende a uma abordagem ativista.
2. Considere como a sua especialidade atende a uma abordagem reflexiva.
3. Considere como a sua especialidade atende a uma abordagem teórica.
4. Considere como a sua especialidade atende a uma abordagem pragmática.

Análise de mentalidade

No Capítulo 3, exploramos o trabalho da Professora Carol Dweck (2006) e sua pesquisa que conclui que os alunos com "mentalidades de crescimento" são mais propensos a buscar desafios, são mais persistentes e tenazes frente a dificuldades, aprendem com seus erros e, em última instância, têm maior possibilidade de chegar ao sucesso e à realização do que aqueles de "mentalidade fixa".

Como parte da sua avaliação inicial dos alunos durante a integração, incentivamos uma investigação da mentalidade dos alunos para informar o planejamento de aprendizado do grupo, reforçando uma abordagem em que inteligência e capacidade não são vistas como fixas, mas em que trabalho árduo, esforço e desafio podem levar a altos níveis de sucesso.

Nome: _____ **Tutor:** _____

Curso: _____ **Grupo:** _____

Teorias implícitas de escala de inteligências (ficha a ser preenchida pelo aluno)

Leia cada frase abaixo e circule o número que indica o quanto você concorda com ela. Não há respostas certas ou erradas.

1. Você possui determinada quantidade de inteligência, e não há muito que fazer para modificá-la.

1	2	3	4	5	6
Concordo totalmente	Concordo	Concordo parcialmente	Discordo parcialmente	Discordo	Discordo totalmente

2. A sua inteligência é algo que você não pode mudar muito.

1	2	3	4	5	6
Concordo totalmente	Concordo	Concordo parcialmente	Discordo parcialmente	Discordo	Discordo totalmente

3. Podem-se aprender coisas novas, mas não se pode mudar sua inteligência básica.

1	2	3	4	5	6
Concordo totalmente	Concordo	Concordo parcialmente	Discordo parcialmente	Discordo	Discordo totalmente

4. Não importa quem você seja, você pode mudar muito a sua inteligência.

1	2	3	4	5	6
Concordo totalmente	Concordo	Concordo parcialmente	Discordo parcialmente	Discordo	Discordo totalmente

5. Você sempre pode mudar muito quão inteligente você é.

1	2	3	4	5	6
Concordo totalmente	Concordo	Concordo parcialmente	Discordo parcialmente	Discordo	Discordo totalmente

6. Não importa o quanto inteligente você seja, sempre pode mudá-la um pouco.

1	2	3	4	5	6
Concordo totalmente	Concordo	Concordo parcialmente	Discordo parcialmente	Discordo	Discordo totalmente

Pontuação
Some as pontuações das três primeiras afirmações (3 × 6 = total sobre 18) e divida por 3 para obter a pontuação média sobre 6. As pontuações das afirmações 4-6 são descartadas. Uma pontuação de 1-3 em uma turma indica mentalidade fixa, e uma de 4-6 indica mentalidade de crescimento – isto é, a porcentagem de alunos com mentalidade fixa ou de crescimento, embora a confiabilidade em relação aos indivíduos seja baixa.

Figura 5.2 Questionário sobre a mentalidade dos alunos, adaptado de Dweck (2006).

>> Agora é a sua vez!

Faça o teste de mentalidade e responda: Como você poderia usar o conceito de mentalidade com seus alunos para ajudá-los a atingir seu potencial de aprendizado?

>> Desenvolvendo o letramento dos alunos

Uma pesquisa do Teaching and Learning Research Programme (2008) ressaltou que "o grau de letramento é um fator significativo que afeta a evasão escolar, o avanço e o rendimento nas instituições de ensino". O estudo identificou que o leque de práticas de letramento (p. ex., ler recursos e fazer anotações) era menor do que o exercido pelos alunos na sua vida cotidiana (p. ex., escrever poemas, utilizar *sites* e aplicativos de rede social, como Facebook e Twitter, para se comunicar com amigos, etc.).

Em geral, pensa-se que reconhecer o grau de letramento dos alunos é uma estratégia eficaz de ensino e aprendizado, pois o aprendizado com propósito e significado incrementa e expande os conhecimentos e as experiências anteriores dos alunos. Esse aprendizado ajuda a moldar e construir novos conhecimentos com base em sua experiência em vez de enxergar o aluno como um recipiente vazio, pronto para ser preenchido pelo tutor com fatos e conhecimento.

Ele também reconhece que o grau de letramento varia de acordo com o contexto cultural e histórico, e é provável que seus alunos venham de contextos completamente diferentes. Ainda, o grau de letramento também deve variar de acordo com a idade dos alunos. Um fato importante é que, além de ser um fator-chave no aprendizado vocacional, comprovou-se que a educação que desenvolve o letramento aprimora a confiança, contribui para o desenvolvimento pessoal e promove saúde e participação social e política. Ao planejar seu programa de estudo vocacional, é importante que você considere também como desenvolverá as habilidades de letramento dos seus alunos.

>> Agora é a sua vez!

Pense em como uma abordagem que desenvolva o letramento dos alunos pode ser usada para ajudá-lo a planejar um programa vocacional eficaz.

Duckworth (2013a) identifica diversas maneiras de desenvolver o letramento por meio de programas vocacionais, incluindo:

- Considerar "culturas de aprendizado" que criem confiança, respeitem a diversidade e desenvolvam alunos confiantes.

- Reconhecer os diversos graus de letramento dos alunos e planejar suas aulas levando-os em consideração.

- Utilizar métodos de avaliação que considerem a prontidão dos alunos, enfatizem avaliação formativa e incluam avaliação de resultados transversais.

- Usar tecnologias modernas para tornar o letramento relevante para a vida profissional e social cotidiana dos alunos, também promovendo o letramento digital.

Os recursos de ensino e aprendizado que você utilizar podem ser desenvolvidos pelos seus alunos (ou em parceria com eles), a fim de capturar e dar significado às suas experiências, motivações e aspirações.

Letramento vocacional

Quando da avaliação inicial dos seus alunos, você também deveria considerar quanta terminologia e "jargão" da área seus alunos conhecem. Isso o ajudará a planejar atividades necessárias para apresentar aos alunos o vocabulário específico do seu domínio vocacional.

Tabela 5.4 » **Exemplos de terminologia vocacional e especializada**

	Tonalidade
	Manto ácido
Estética	Integração capilar
	Revestimento externo da raiz
	Penugem
	Folga de ar
	Sifonagem reversa
Hidráulica	Válvula do fluxômetro
	Interceptor
	Torneira com vazamento

(Continua)

(Continuação)

Tabela 5.4 » **Exemplos de terminologia vocacional e especializada**

Construção civil	Colher
	Nível
	Prumo
	Massa
	Amarração
Culinária	Bardear
	Concassé
	Deglaçar
	Empanar
	Sous chef
Negócios	Planejamento estratégico
	Breakthrough
	Indicadores de desempenho
	B2B
	Inteligência de negócios
Arte e *design*	*Design thinking*
	Protótipos
	Brainstorming
	Esboço
	Escala
Saúde e assistência social	Anemia
	Bradicardia
	Diabetes *melito*
	Hipertensão
	Hipóxia
Estudos equinos	Cloche
	Cincha
	Adestramento
	Boleto
	Bardoto

Tabela 5.4 » **Exemplos de terminologia vocacional e especializada**

Viagem e turismo	Passageiro
	Aeródromo
	Manuseio de bagagens
	Hub
	Tarifa
	Schedule
Computação	Criptografia
	Sistema operacional
	Manipulação de dados
	Algoritmos
	Winsock
	Desfragmentação
Cuidados infantis e infância	Apego
	Marco desenvolvimental
	Desenvolvimento motor grosso
	Respite
	Desmame
Teatro	Antagonista
	Conotação
	Dramatis personae
	Monólogo
	Vilanela

Agora é a sua vez!

Quais são os jargões da sua área vocacional? Faça uma lista de todos os termos que conseguir lembrar. Agora elabore um glossário com o significado de cada termo e distribua-o aos seus alunos.

❯❯ Habilidades funcionais

Habilidades funcionais se referem à capacidade de o aluno utilizar a língua materna, matemática e informática aplicadas. No Reino Unido, muitos alunos têm dificuldade em atingir um nível funcional de uso da língua materna e de números, e isso pode afetar sua empregabilidade e seu progresso em suas qualificações vocacionais.

A maioria dos alunos de programas financiados e acreditados também deve demonstrar um nível definido de competência em habilidades funcionais. Normalmente, esse nível de competência é medido por meio de avaliação e exame formal, frequentemente com uma prova eletrônica sob demanda ou uma prova escrita tradicional.

É importante que o tutor vocacional tenha uma boa compreensão do nível de habilidade dos seus alunos em matemática e língua materna, uma vez que isso pode afetar o planejamento do aprendizado e a variedade e o tipo de ferramentas e estratégias utilizadas. Muitos alunos possuem boas habilidades práticas, mas frequentemente têm dificuldades para escrever, registrar e refletir sobre seu aprendizado por meio de trabalhos escritos, atas e diários.

Todos os tutores vocacionais têm a responsabilidade de desenvolver as habilidades dos alunos em língua materna e matemática básicas, e de encontrar formas criativas e envolventes de contextualizar e imbricar essas habilidades em contextos profissionais. Entretanto, essa é uma estratégia polêmica, havendo muitos tutores vocacionais mal equipados e mal qualificados para fornecer essas habilidades essenciais.

❯❯ PARA REFLETIR

Como você classifica as suas próprias habilidades na sua língua materna, em matemática e informática? As suas habilidades de ortografia, pontuação e gramática estão em dia, possibilitando que você as desenvolva com seus alunos?

E as suas habilidades de letramento digital? Você é capaz de desenvolver as habilidades dos seus alunos que cresceram em uma era de conhecimento digital?

Podemos argumentar que, além de língua materna e matemática básicas, as habilidades de letramento digital dos alunos também devem ser um foco central de desenvolvimento para todos os tutores e profissionais que trabalham no setor de FE e Habilidades.

Letramento digital

Em uma era digital, os alunos precisam praticar e experimentar diferentes formas de exercer suas identidades em diferentes tecnologias e redes sociais. Essas oportunidades só podem ser apoiadas por um grupo acadêmico que esteja também envolvido em práticas digitais e questione sua própria relação com o conhecimento. (Beetham e Oliver, 2010: 167).

Hoje, é crucial que os alunos dominem os conhecimentos necessários para fazer pesquisas *on-line*, utilizar e navegar em sistemas *on-line*, como ambientes virtuais de aprendizagem e portfólios eletrônicos, e participar de avaliações *on-line*, por exemplo.

O papel do tutor vocacional não é apenas identificar oportunidades para integrar e desenvolver habilidades funcionais em língua materna e matemática por meio do ensino vocacional, mas também desenvolver as habilidades de letramento digital dos alunos.

>> ESTUDO DE CASO

John é professor em um centro de educação superior que possui uma faculdade de *further education*.

Eu trabalhei no setor de construção por mais de 20 anos, muitos deles como gerente, trabalhando em obras com equipes grandes. Após realizar uma qualificação PGCE em meio turno na faculdade da minha região (em parceria com uma universidade), eu lecionei algumas horas-aula na faculdade, dando disciplinas BTEC de construção para alunos de nível mais baixo. O financiamento ficou complicado, e muitos dos meus grupos foram fundidos e disciplinas foram extintas devido a cortes de custos.

Então, passei a lecionar na *further education* em um centro de ensino superior de uma faculdade local. Meus alunos geralmente são graduandos ou estão tirando o Higher National Diploma (HND). As disciplinas que eu leciono estão no Nível 4 e 5 do modelo de qualificações, e a ementa de cada módulo é calcada em padrões educacionais profissionais, como os do Chartered Institute of Building (CIOB). As disciplinas que eu leciono são planejadas para preparar os alunos para trabalhar no setor de construção em nível profissional.

Eu uso a minha experiência de gerenciamento no setor e meu treinamento como professor para transmitir a mensagem. Sinto que a minha experiência vocacional me dá credibilidade na sala de aula. Os meus alunos também trabalham no setor, conhecendo a realidade das pressões diárias. Como eu também venho desse contexto, consigo enfatizar como a teoria se liga à prática diária do "mundo real". Eu ainda planejo minhas aulas em detalhes. Tenho colegas que dão disciplinas de educação superior que fazem pouco planejamento formal de aula, mas eu acho muito importante considerar os diferentes aspectos da aula e como aproveitar o tempo ao máximo. Eu uso um modelo de plano de aula, penso nos estágios de "Apresentação", "Aplicação" e "Revisão" e reservo um tempo para debate e perguntas.

(Continua)

(Continuação)

Tento usar a tecnologia na minha aula. Existem vários vídeos relevantes em *sites* como o YouTube. Esse também é um bom modo de se manter atualizado, explorando reportagens e artigos de imprensa relacionados à construção e tecnologia de projeto. Os alunos gostam de poder aplicar o que aprendem por meio de estudos de caso e projetos em grupo. Na preparação deles para trabalhar como gerentes, eu tento desenvolver suas habilidades mais amplas, com elaboração de apresentações e participação em revisão por pares de colegas e tarefas de avaliação.

Nos níveis mais altos, as aulas que leciono são menos "mão na massa" do que em outros cursos vocacionais, como de alvenaria ou esquadrias. Por esse motivo, costumo achar que aulas-seminário funcionam melhor para o que precisamos entregar. Eu consigo compartilhar meus anos de experiência como gerente e gerente sênior. Os alunos também conseguem compartilhar sua experiência relevante até o momento. Nesse nível, incentiva-se que os alunos sejam mais autônomos, compartilhando fontes de conhecimento adquirido independentemente. Eu dou a eles tarefas de pesquisa e debate, e acho que isso os ajuda a adquirir novos conhecimentos e compreender melhor o conteúdo.

Agora é a sua vez!

Examine o exemplo de plano de aula de John e identifique como essa abordagem ao planejamento do aprendizado incorpora avaliação inicial e modelos de ensino.

Tabela 5.5 » Um exemplo de plano de aula vocacional: construção civil

Centro Universitário – Escola de Construção e Ambiente Construído (Plano de aula)		
Nome do funcionário:	**Data:**	**Aula:** 6
Disciplina: HND Construção 2º ano	**Nível:** Ano 2 (F/T) – Nível 5	
Assunto: Tecnologia de projeto		
Meta da aula: Identificar e prever os mecanismos de falha de materiais e componentes de construção.		
Objetivos: Ao final desta aula, os alunos conseguirão: identificar e explicar no mínimo três causas de falha de materiais e componentes de construção.		
Oportunidades de desenvolvimento e prática de habilidades funcionais na aula: Matemática/habilidades com números: dimensões de materiais, componentes e instalações, quando apropriado. Letramento: debate e apresentação de ideias individuais, anotações e comentários em esboços. Informática: uso do fórum interativo e do Moodle.		

Tabela 5.5 » Um exemplo de plano de aula vocacional: construção civil

Tempo	5 min
Fase de aprendizado	Preparar os alunos para aprender. Boas-vindas e cadastro. Tutor identifica e compartilha o resultado de aprendizado desta sessão/aula.
Atividade do aluno	Os alunos se preparam para iniciar a sessão. Consideração dos resultados. Esclarecimento de dúvidas.
Diferenciação	Questionamento diferenciado, se apropriado.
Recursos	Fórum interativo
Tempo	15 min **R**
Fase de aprendizado	O tutor instrui os alunos a realizar avaliação formativa do tipo *puzzle* para recordar o aprendizado da última aula – "estabelecimento de sistemas de gestão de qualidade".
Atividade do aluno	Alunos realizam o *puzzle*. Alunos dividem ideias com seus colegas.
Diferenciação	Alunos que comparecem no horário e os que precisam de menos suporte terminam o exercício mais depressa – atividade de extensão disponível. Quem não concluiu o exercício pode completar as respostas durante a revisão.
Recursos	*Puzzle* Caneta e papel
Tempo	5 min **R**
Fase de aprendizado	O tutor convida os alunos (às vezes, seleciona-os ele próprio) a apresentar ao grupo suas respostas ao *puzzle*.
Atividade do aluno	Os alunos contribuem para a confirmação das respostas corretas.
Diferenciação	Verifique a participação e a precisão das respostas dos indivíduos.
Recursos	*Puzzle* Caneta e papel
Tempo	10 min **P**
Fase de aprendizado	O tutor introduz aos alunos um tópico novo – mecanismos de falha. O tutor identifica vídeos no Moodle, mostra os vídeos e, então, solicita comentários.
Atividade do aluno	Os alunos assistem aos vídeos, fazem anotações para resolver questões de andaimes e comentam.
Diferenciação	Todos os alunos são capazes de comentar sobre falhas de construção. Alguns alunos são capazes de fazer ligações com o aprendizado de outros módulos.
Recursos	Fórum interativo Moodle

(Continua)

(Continuação)

Tabela 5.5 » Um exemplo de plano de aula vocacional: construção civil

Tempo	25 min **P**
Fase de aprendizado	Apresentação – com referência a lâminas de PowerPoint®, o tutor abre um seminário de debate sobre identificação de mecanismos de falha em construções. O tutor indica que a apresentação de PowerPoint® está no Moodle. O tutor usa piadas adequadas relacionadas a experiência na indústria. O tutor propõe perguntas abertas e dirigidas a respeito da matéria.
Atividade do aluno	Os alunos ouvem, debatem e fazem anotações. São convidados a fazer e responder a perguntas durante todo o tempo, a fim de verificar o aprendizado. Exigência e desafio – os alunos são convidados a compartilhar sua própria experiência em relação ao tópico, ligando teoria e prática.
Diferenciação	Nível das perguntas e respostas dos alunos. Diferentes níveis de habilidades de anotação. Recurso no Moodle para quem precisa de suporte.
Recursos	Quadro branco Caneta e papel Computador e projetor Slides de PowerPoint® Moodle
Tempo	15 min **Intervalo**
Tempo	20 min **P**
Fase de aprendizado	O tutor distribui material para auxiliar o debate – "expectativa de vida de componentes". O tutor propõe perguntas abertas e dirigidas a respeito da matéria.
Atividade do aluno	Os alunos ouvem, debatem e fazem anotações. Os alunos realizam tarefas do material em grupos pequenos, servindo-se de conhecimento prévio e novo. Os alunos fazem perguntas.
Diferenciação	Nível das perguntas e respostas dos alunos. Perguntas de tarefa diferenciadas para os diferentes grupos – exigência e desafio para o grupo A. Nível das respostas às perguntas.
Recursos	Material distribuído Quadro branco Caneta e papel

Tabela 5.5 >> **Um exemplo de plano de aula vocacional: construção civil**

Tempo	20 min **A**
Fase de aprendizado	O tutor convida o grupo a pensar em como eles aplicarão o novo conhecimento a respeito de rachadura e movimento de edificações.
Atividade do aluno	Inicialmente, os alunos discutem e elaboram pequenas apresentações orais a respeito de mecanismos de falha em edificações, implicações práticas e relevância para o trabalho sumativo. Os alunos são convidados a avaliar as ideias e o estilo/técnica de apresentação de cada grupo.
Diferenciação	Grupos de discussão/apresentação de habilidade mista. Aplicação nos contextos pessoais de trabalho.
Recursos	Papel e caneta Quadro branco
Tempo	15 min **R**
Fase de aprendizado	Verificação/avaliação do aprendizado. O tutor revisa o aprendizado que ocorreu. O tutor propõe perguntas abertas e dirigidas, exigindo que os alunos identifiquem e expliquem, ao menos, três causas de falha em edificações.
Atividade do aluno	Os alunos discutem suas conclusões com os demais membros do grupo. Realização de teste de resumo.
Diferenciação	Qualidade dos debates. Vontade dos alunos de compartilhar conhecimento com os outros. Nível e precisão dos comentários. Verificar o desempenho individuais em um teste de resumo. Suporte dirigido, se necessário.
Recursos	Quadro branco e canetas Papel e canetas
Tempo	10 min **R**
Fase de aprendizado	O tutor solicita que os alunos preencham um questionário de *feedback* sobre a aula.
Atividade do aluno	Os alunos preenchem o questionário.
Diferenciação	–
Recursos	Questionário Canetas

Tabela 5.6 » Um exemplo de plano de aula vocacional: cabeleireiro

Plano de aula		
Curso: Certificado VRQ Nível 2 em Corte de Cabelo Feminino		
Tópico: Salão prático/comercial		
Data:	Horário: 18h-21h	Nº na chamada: 12
Sala:	Duração: 3 horas	Nº de presentes:

Requisitos adicionais de suporte ao aprendizado

Quais são os requisitos específicos dos alunos neste curso?

Todos os planos individuais de suporte foram abordados e documentados, estando visíveis no arquivo do curso junto ao nome da cada pessoa.

Proteção e avaliação de riscos:

Uma avaliação de risco ativa é atualizada anualmente, todos os aposentos e recursos são verificados antes da aula para ver se os equipamentos estão em condições seguras de trabalho.

Os alunos são instruídos sobre seus direitos, papéis e responsabilidades por meio do sistema tutorial. Os alunos são instruídos sobre os valores da classe e suas expectativas comportamentais.

Os alunos participaram de treinamento de saúde e segurança durante a integração.

Tutores e alunos devem realizar avaliações visuais de risco em cada aula.

Habilidades pessoais de aprendizado e raciocínio

Inquiridor independente = **IE** Pensador criativo = **CT** Trabalhador em equipe = **TW**

Autogerente = **SM** Aluno reflexivo = **RL** Participante eficaz = **EP**

Ligações com habilidades funcionais: Língua materna básica/funcional (FE)

- Seguir instruções orais e escritas e escuta ativa.
- Fazer diversas contribuições aos debates.
- Redigir expectativas/avaliações sobre os desempenhos na aula.
- Dar e receber *feedback* e instruções verbais.
- Fazer consultas eficazes com os clientes, apresentando diversos auxílios visuais.

Informática (tecnologia da informação e comunicação – TIC)

- Utilizar sistemas de TIC para converter imagens digitais em comprovação fotográfica de serviços.
- Usar TIC para acessar www.myhairdresser.com para atividades de extensão/pesquisa.

Matemática básica/funcional (FM)

- Calcular o custo do serviço de um cliente.
- Identificar cronogramas/prazos.
- Calcular e traçar ângulos ao cortar.

Igualdade e diversidade

Dê detalhes de como as atividades planejadas no esquema se relacionam à pauta de igualdade e diversidade.

- Métodos de ensino e avaliação incorporam modos preferidos de aprendizado para auxiliar o progresso e o rendimento.
- Atividades diferenciadas de extensão para os alunos.

Tabela 5.6 » Um exemplo de plano de aula vocacional: cabeleireiro

- Questionamento diferenciado para confirmar o aprendizado e a compreensão e para estruturar o aprendizado.
- Os alunos recebem instruções sobre como lidar com clientes com deficiências, se necessário.
- Os alunos ganham noções sobre corte de cabelo masculino para possibilitar um ambiente de salão unissex.
- O tutor dará aos alunos instruções claras para garantir que nenhum contexto cultural ou étnico seja discriminado ao lidar com os pedidos dos clientes.
- Os alunos desenvolverão habilidades para identificar tipos de cabelo étnicos relevantes.
- O tutor fará com que o ambiente de aprendizado seja propício ao aprendizado e o leiaute seja acessível a todos os alunos e clientes.

O tutor utilizará linguagem correta, inclusiva e sensível, contestando linguagem inapropriada, preconceito e estereótipos.

Recursos

- Arquivo do curso
- Chamada (papel/eletrônica)
- Planilhas de compromissos e fichas de cadastro do cliente
- Planilhas de consulta
- Manequins de cabeça
- Todos os recursos/ferramentas e equipamentos disponíveis no salão
- Aprendizado *on-line*: www.myhairdresser.com
- *Flip chart*
- Pincéis atômicos
- Lembretes adesivos

Satisfação das necessidades individuais

- Utilização aprendizado on-line para oferecer ao aluno ferramentas mais emocionantes e inovadoras de aprendizado ativo, possibilitando que o aluno pesquise, colabore e crie.
- O tutor fragmenta as tarefas, permitindo que o aluno estruture seu aprendizado e torne-se mais independente.
- A avaliação do aprendizado envolverá verificar o aprendizado e dar *feedback* construtivo para que o aluno possa identificar e focar seus esforços.
- Planilhas e dados anteriores de acompanhamento comercial são utilizados para identificar.
- O progresso até o momento, possibilitando a fixação de metas individuais na aula e a alocação dos clientes.

Objetivos da aula

1. Dar aos alunos uma oportunidade de criar confiança e praticar habilidades de: aplicação de xampu, modelagem, corte.
2. Dar aos alunos uma oportunidade de avaliações formativas ou somativas das habilidades até o momento, em padrões de VRQ Nível 2.
3. Reforçar e estruturar o conhecimento anterior obtido sobre as habilidades até o momento.
4. Possibilitar ao aluno uma oportunidade de reflexão e avaliação do desempenho (de si mesmo ou dos colegas) na aula.

Resultados de aprendizado

Todos os alunos serão capazes de:

1. Identificar os requisitos do cliente por meio de consulta, incluindo análise do cabelo e do couro cabeludo do cliente e realização de todos os testes.
2. Selecionar os produtos corretos e demonstrar técnicas de massagem adequadas para o tipo de cabelo e couro cabeludo do cliente, com completa autonomia.

(Continua)

(Continuação)

Tabela 5.6 » **Um exemplo de plano de aula vocacional: cabeleireiro**

3. Selecionar e realizar técnicas de moldagem e finalização, de acordo com os requisitos do cliente.
4. Recomendar produtos e serviços ao cliente.
5. Identificar, manter e monitorar boas práticas profissionais, saúde e segurança no salão.
6. Avaliar das habilidades práticas próprias e dos colegas para possibilitar progressão, rendimento e reconhecimento.

A maioria dos alunos será capaz de:

1. Reconhecer técnicas corretas de corte para atingir os requisitos do cliente.
2. Demonstrar o estabelecimento e cumprimento de diretrizes de corte para atingir um corte equilibrado.

Alguns alunos serão capazes de:

1. Demonstrar competência em um serviço pelos padrões VRQ Nível 2.

Tempo	5:50
Atividade do tutor	**Preparação** Verificar o ambiente do salão quanto a segurança, higiene e acessibilidade para todos os alunos e clientes. Demonstrar as metas e objetivos da aula. Demonstrar no cavalete ou quadro os serviços marcados pelos clientes. Demonstrar pontos positivos e melhorias desde a última aula no Prezi (ou em um cavalete ou quadro, se houver problemas técnicos).
Tempo	6:00
Atividade do tutor	**Introdução** Dar as boas-vindas verbalmente aos alunos. Faça a chamada e verifique uniformes e identificação. Lidar com chegadas atrasadas, conforme o necessário. Apresentar metas e objetivos e pontos positivos e melhorias desde a última aula, envolver os alunos e promover debate sobre como pretendemos alcançá-los. Delegar a gerência do salão.
Atividade do aluno	Escuta ativa e resposta; sessão de perguntas, se necessário. Os alunos tomam parte em uma discussão com todo o grupo sobre como trabalhar rumo a avaliações práticas somativas (**FE**), compartilhando as ideias e o progresso até o momento. Trabalhando em equipe, os alunos ajudam uns aos outros a trabalhar rumo a um resultado convencionado, possivelmente buscando novos desafios e mostrando flexibilidade.
Como as necessidades individuais dos alunos serão satisfeitas	Questionamento diferenciado para envolver os alunos e encorajar a participação. Demonstração verbal e visual das metas e objetivos.

Tabela 5.6 » Um exemplo de plano de aula vocacional: cabeleireiro

Avaliação	*Feedback* mediante sessão de perguntas. Observar habilidades sociais e pessoais. Níveis de participação. Nível e âmbito das respostas verbais.
Tempo	6:10
Atividade do tutor	**Principal** Facilitar a atribuição de modelos aos alunos e a preparação do salão para os clientes, consultando as horas marcadas para a aula, fichas anteriores de progresso comercial do salão e dados de acompanhamento.
Atividade do aluno	Estabelecer alvos pessoais para a aula. Fixar seções que cumpram/utilizem boas práticas de trabalho/saúde e segurança e regulamentações do COSHH. Preparar a área para avaliações planejadas. Preencher a ficha de tarefa prática/ficha de consulta, disponibilizando-a ao assessor.
Como as necessidades individuais dos alunos serão satisfeitas	Guiar os alunos, usando linguagem verbal/corporal, quando necessário.
Avaliação	Observação Níveis de participação Preenchimento da ficha de tarefa
Tempo	6:15
Atividade do tutor	Os clientes devem chegar na hora marcada. Observar se os alunos cumprimentam e avaliam as necessidades dos clientes. Observar as consultas. Distribuir atividades de extensão. Facilitar o aprendizado e a criação de confiança junto aos alunos. Reforçar conhecimentos e habilidades anteriores. Dar *feedback* construtivo para auxiliar progresso e rendimento. Começar avaliando por meio de observação constante e técnicas de questionamento para criar aprendizado por meio da taxonomia de Bloom. Ajudar e auxiliar quem trabalha formativamente. Analisar o desempenho do aluno. Dar aos alunos *feedback* construtivo sobre seu desempenho, enfocando desempenho e áreas de desenvolvimento para possibilitar progresso. Manter registros precisos da avaliação em livros de registro. Verificar se os alunos preencheram as fichas de consulta. Definir com os alunos metas para as avaliações formativas e somativas.

(Continua)

(Continuação)

Tabela 5.6 » **Um exemplo de plano de aula vocacional: cabeleireiro**

Atitude do aluno	Cumprir todas as regulamentações de saúde e segurança.
	Cumprimentar e começar a avaliar as necessidades dos clientes por meio de consultas. Oferecer técnicas em prol de um resultado comercial para os clientes.
	Transmitir os resultados das consultas ao tutor para possibilitar *feedback* e comprovação verbal da avaliação somativa/formativa.
	Escuta ativa e resposta; sessão de perguntas, se necessário.
	Iniciar os serviços aos clientes, seguir as instruções dos fabricantes e concluir o serviço a contento do cliente.
	Garantir que seja mantido um ambiente de trabalho seguro para os colegas.
Atividade do aluno	Os alunos que não estão trabalhando com clientes devem auxiliar na avaliação formativa, desenvolver mais suas habilidades por meio de atividades de extensão/desafio de avaliação formativa nos manequins.
	Após concluir o desempenho prático, organizar as estações de trabalho e recursos.
	Preencher a ficha de aula prática e a ficha de consulta.
	Receber *feedback* do avaliador e arquivar comprovação de avaliação formativa/somativa.
Como as necessidades individuais dos alunos serão satisfeitas	Lembretes visuais/diagramas exibidos nos espelhos dos alunos.
	Os alunos devem descrever por meio de diagramas/figuras (sinestesia).
	Instruções auditivas.
	Questionamento maiêutico/socrático.
	Questionamento usando a taxonomia de Bloom.
	Moldar profissionalismo.
	Dar *feedback*.
	Incentivar resolução de problemas.
	Estabelecimento de metas individuais.
	Exigir e desafiar:
	• Trabalhar rumo a uma janela de tempo comercialmente viável.
	• Finalizar o cabelo do cliente usando uma técnica diferente.
Avaliação	Formativo/somativo
	Observação
	Produto do trabalho
	Observar habilidades sociais e pessoais
	Níveis de participação
	Respostas na sessão de perguntas
	Autoavaliação

Tabela 5.6 » Um exemplo de plano de aula vocacional: cabeleireiro

Tempo	8:40
Atividade do tutor	Monitorar a delegação de serviços de fim de aula por parte do gerente do salão. Facilitar a limpeza das áreas de trabalho pelos alunos após cada atividade prática. Verificar se os alunos esterilizam, saneiam e limpam bem todas as ferramentas e equipamentos, superfícies e áreas de trabalho.
Atividade do aluno	Limpar, sanear e esterilizar todas as áreas de trabalho, seguindo todas as regulamentações de saúde e segurança. Garantir que seja mantido um ambiente de trabalho seguro para os colegas.
Como as necessidades individuais dos alunos serão satisfeitas	Guiar os alunos usando linguagem verbal/corporal, quando necessário.
Avaliação	Observar habilidades sociais e pessoais. Níveis de participação.
Tempo	**8:50**
Atividade do tutor	**Recapitulação** Facilitar a recapitulação da aula usando a avaliação dos alunos sobre as metas pessoais e atividades de extensão que foram definidas para a aula.
Atividade do aluno	Participar de discussões individuais e com todo o grupo. Escuta, leitura, fala.
Avaliação	Observar habilidades sociais e pessoais. Níveis de participação. *Feedback* (individual). Sessão de perguntas.
Tempo	**8:55**
Atividade do tutor	Facilitar a discussão sobre qual foi o rendimento. Revisar metas e objetivos. Identificar pontos positivos e melhorias a partir da aula. Atividade de *feedback* com lembretes adesivos.
Atividade do aluno	Escuta e respostas ativas. Responder sobre uma coisa de que gostaram e "como posso ajudá-lo?".
Como as necessidades individuais dos alunos serão satisfeitas	Visual, sinestésico, auditivo.

(Continuação)

Tabela 5.6 >> Um exemplo de plano de aula vocacional: cabeleireiro

Avaliação	Observar habilidades sociais e pessoais.
	Níveis de participação.
	Feedback (individual).
	Sessão de perguntas.

Autoavaliação da aula

O que ocorreu bem?	O que poderia ser melhorado?
1. Os alunos atingiram as metas/objetivos (houve aprendizado)?	1.
2. Todos os alunos participaram?	2.
3. Os alunos gostaram da aula?	3.

Ações a promover:

Tabela 5.7 >> Um plano de treinamento "SESSION" (plano de aula prática).

1. Set-up (preparação)
- Certifique-se de que o espaço de aprendizado esteja pronto, seguro e adequado para a finalidade.
- Verifique recursos e materiais.

2. Enter/*engage* (entrada/envolvimento)
- Compartilhe os objetivos de aprendizado e os tópicos do que eles aprenderão.
- Apresente-se e faça com que eles se apresentem uns aos outros – e a você, se o número permitir.
- Energização direcionada – faça a energia fluir e torne-a congruente com o que você está tentando alcançar.

3. Share subject content (compartilhamento do conteúdo)
- Divida o novo conteúdo de maneira a ser absorvido.
- Use estudos de caso, imagens, vídeos e citações para dar vida a ele.
- Foque a maior parte do tempo na prática do que você instruiu aos participantes.
- Use trabalho de verdade e pessoas de verdade.
- Use uma mescla de trabalho individual e em grupo.

4. Summarise (síntese)
- Repasse o conteúdo exposto para memorizá-lo, sintetizar temas e salientar os principais pontos de aprendizado.
- Compartilhe as suas reflexões sobre como foi o treinamento – os pontos altos e os desafios. Agradeça aos participantes por sua contribuição e esforço.

5. Integrate (integração)
- Faça com que os participantes reflitam sobre o que o aprendizado significa para eles e como eles integrarão suas novas habilidades e conhecimentos em suas funções profissionais.
- Incentive todos os participantes a definir metas-específicas, mensuráveis, atingíveis, relevantes e temporais (SMART) para o futuro a fim de ampliar e consolidar sua experiência de aprendizado.

Tabela 5.7 » Um plano de treinamento "SESSION" (plano de aula prática).

6. O*utline next steps* (delinear novas etapas)
- Explique o que eles deveriam ou poderiam fazer em seguida.
- Estabeleça trabalho de acompanhamento – por exemplo, conjuntos de aprendizado em ação, oficina de acompanhamento, sessão de *coaching* ou orientação.

LEITURAS COMPLEMENTARES

CAVTL (Commission on Adult Vocational Teaching and Learning) (2013) *It's About Work... Excellent Adult Vocational Teaching and Learning*. Londres: Learning and Skills Improvement Service.

Coffield, F, Moseley, D, Hall, E e Ecclestone, K (2004) *Should We Be Using Learning Styles? What Research has to Say to Practice*. Londres: Learning and Skills Research Centre.

Dweck, C (2012) *Mindset: How You Can Fulfil Your Potential*. Londres: Robinson Publishing.

Faraday, S, Overton, C e Cooper, S (2011) *Effective Teaching and Learning in Vocational Education*. Londres: LSN.

Lucas, B, Spencer, E e Claxton, G (2012) *How to Teach Vocational Education: A Theory of Vocational Pedagogy*. Londres: City and Guilds Centre for Skills Development.

Petty, G (2009) *Evidence-Based Teaching: A Practical Approach*. Londres: Nelson Thornes.

SITES

Centre for Real-World Learning: www.winchester.ac.uk/aboutus/lifelonglearning/CentreforRealWorldLearning

Critérios de habilidades funcionais: www2.ofqual.gov.uk/downloads/category/68-functional-skills-subject-criteria

Health and Safety Executive: www.hse.gov.uk/risk

Mindset: www.mindsetonline.com

Um guia de estilos de aprendizado: www.vark-learn.com

REFERÊNCIAS

Barton, D e Hamilton, M (1998) Local Literacies: Reading and Writing in One Community. Londres: Routledge.

Beetham, H e Oliver, M (2010) 'The Changing Practices of Knowledge and Learning', in R. Sharpe and H. Beetham (Eds) Rethinking Learning for a Digital Age, pp. 155–169, London: RoutledgeFalmer.

Duckworth, V (2013a) Learning Trajectories, Violence and Empowerment amongst Adult Basic Skills Learners. Education Research Monograph. Londres: Routledge.

Dweck, C S (2006) Mindset: The New Psychology of Success. Nova York: Random House.

Faraday S, Overton C e Cooper S (2011) Effective Teaching and Learning in Vocational Education. Londres: LSN.

Fleming, N D (2001) Teaching and Learning Styles: VARK Strategies. Christchurch, New Zealand: N D Fleming.

Gee, J P (1996) Social Linguistics and Literacies: Ideology in Discourses (Second Edition). Londres: RoutledgeFalmer.

Petty, G (2006) Evidence-based Teaching. Cheltenham: Nelson Thornes.

Street, B (1984) Literacy in Theory and Practice. Cambridge: Cambridge University Press;

capítulo 6

Aprendizagem experiencial e aplicada

Utilizam-se diferentes termos para denominar o processo de aprender com a experiência. O filósofo da educação John Dewey (1915) discute o poder e o impacto de "aprender fazendo", e não apenas escutando ou olhando. Pring (em Lucas et al., 2012: 79) identifica como aprender fazendo é diferente de teorizar e depois aplicar, com a correção por parte de pessoas experientes permitindo que o aluno satisfaça e internalize padrões profissionais. Neste capítulo, consideramos o valor da experiência adquirida ao aprender fazendo e por meio de aprendizagem aplicada.

Objetivos de aprendizagem

» Identificar o ciclo de aprendizagem experiencial.

» Empregar a sala de aula invertida.

» Desenvolver o aprendizado por meio de prática, resolução de problemas do mundo real, *coaching*, reflexão, ambientes virtuais, competição, simulação e jogos e aprendizado cooperativo.

Diga-me, e eu esqueço. Mostre-me, e eu apenas me lembro. Envolva-me, e eu compreendo.

Como exploramos no Capítulo 1, a educação vocacional muitas vezes é caracterizada por seus laços com o mundo real de trabalho e com o desenvolvimento de uma competência funcional em habilidades relacionadas a um setor ou uma função laboral específicos. A aprendizagem experiencial é, de modo geral, definida como a experiência prática que se obtém aplicando-se conhecimento teórico em um contexto de mundo real. Atividades de aprendizado aplicado dão aos alunos a oportunidade de aprender com a experiência.

```
        Fazer ───────────────▶ Revisar
             ▲              
                Aprendizado
                experiencial
             
                        ▼
                    Planejar
```

Figura 6.1 O ciclo da aprendizagem experiencial.

> Aprendizado aplicado envolve a aquisição e aplicação de conhecimentos, habilidades e compreensão por meio de tarefas ambientadas em contextos setoriais com muitas características do trabalho real ou ambientadas no local de trabalho. O mais importante é que o propósito da tarefa em que os alunos aplicam seus conhecimentos, habilidades e compreensão deve ser relevante para o trabalho real no setor. (QCA, 2007)

Os alunos só aprendem com experiências que consideram realmente relevantes para si. O aprendizagem experiencial facilita isso, pois é o processo de gerar significado a partir da experiência direta. O teórico da educação David Kolb (1984) propôs um modelo ou ciclo de aprendizagem experiencial em quatro estágios.

Para Kolb, aprendizagem experiencial é *o processo pelo qual se cria conhecimento por meio da transformação de experiência. Origina-se conhecimento da combinação de captação e transformação de experiência* (Kolb, 1984: 41). Esse modelo é simples de aplicar, e sua abordagem intuitiva de aprendizado com experiência atrai tanto profissionais novos quanto os mais experientes.

Figura 6.2 Ciclo da aprendizagem experiencial de Kolb.

Ao planejar o programa de sua disciplina, é importante pensar em como você dará aos alunos oportunidades regulares de aprendizado prático e aplicado a fim de promover o aprendizado por meio da experiência.

Você pode considerar uma variedade de estratégias de aprendizado diferentes, envolvendo empregadores, modelos, experiência de trabalho, encenações, competições, jogos e cenários do mundo real. Estudos de caso da vida real também podem representar um mecanismo para que os alunos apliquem seu conhecimento em desenvolvimento.

Lucas, Spencer e Claxton (2012) identificam diversos métodos de ensino e aprendizagem que podem apoiar uma abordagem de aprendizagem experiencial e aplicada na educação vocacional:

- aprender praticando;
- aprender resolvendo problemas do mundo real;
- aprender recebendo *coaching* (treinamento);
- aprender refletindo;
- aprender por meio de ambientes virtuais;
- aprender competindo;
- aprender por meio de simulações e jogos.

➤➤ Aprendizagem por meio de prática e resolução de problemas do mundo real

Muitas instituições de educação vocacional contam com ambientes de trabalho realistas para que seus alunos tenham a oportunidade de aprender por meio de prática e experiência. Instituições que oferecem cursos de hotelaria e gastronomia geralmente contam com uma cozinha profissional e um restaurante aberto a clientes reais para almoço, jantar e eventos especiais. Por meio de sua experiência na oficina, os alunos de mecânica muitas vezes aprendem a aplicar seus conhecimentos e habilidades em veículos reais, muitas vezes trabalhando com clientes reais.

Os alunos de cursos para cabeleireiro e esteticista muitas vezes podem treinar suas habilidades em salões profissionais, satisfazendo as necessidades de clientes reais. Os tutores desempenham um papel essencial, assegurando que a prática dos alunos seja segura e apropriada.

Os alunos de cursos de viagem e turismo beneficiam-se de oportunidades de praticar suas habilidades em cabines de aeronave simuladas ou em viagens de ônibus e visitas, transmitindo informações aos clientes, realizando demonstrações de segurança e usando equipamentos-padrão da indústria.

A criação de tarefas e atividades autênticas, utilizando clientes reais, quando possível, dá aos alunos a oportunidades de resolver problemas e dilemas com os quais eles poderão se deparar no mundo real. Isso ajuda a desenvolver uma competência funcional que será útil para prepará-los para o futuro emprego e estudos de nível superior. Os tutores podem desenvolver uma abordagem de aprendizado baseado em problemas (PBL – *problem-based learning*) para exigir e desafiar as habilidades dos alunos à medida que eles se tornam mais competentes em lidar com o rotineiro e o esperado.

➤➤ PARA REFLETIR

Quais oportunidades os seus alunos têm de praticar as habilidades que estão desenvolvendo? Você possui o equipamento e os recursos para tornar a experiência de aprendizagem profissional e alinhada com as expectativas da indústria? Caso contrário, você consegue identificar ligações e parcerias com outros fornecedores que possam dar oportunidades de aplicação e prática?

» Aprendizagem por meio de ambientes virtuais de aprendizagem

O uso de ambientes virtuais de aprendizagem vem se desenvolvendo rapidamente. No Reino Unido, enquanto o setor de educação superior utiliza predominantemente produtos comerciais como ambiente virtual, como a Blackboard (http://blackboard.grupoa.com.br/), a maior parte do setor de educação vocacional foi atraída por uma solução de código aberto chamada de Moodle (www.moodle.org).

Qualquer que seja o sistema utilizado, a maioria dos ambientes virtuais de aprendizagem provê uma variedade de sofisticadas opções de ensino, aprendizagem e avaliação. Pode-se fazer o upload de conteúdo multimídia para fornecer uma variedade de opções de aprendizado independentes e guiadas, que podem ser acessadas de qualquer lugar do mundo onde haja um computador e conexão à Internet. Pode-se integrar o uso de material *on-line*, vídeos e áudios para proporcionar uma experiência de aprendizado interativo.

Essas opções de aprendizagem podem ser tanto sincrônicas (em tempo real) quanto assincrônicas (em tempo não real). Pode ser utilizada uma série de ferramentas para interagir e comunicar-se com os alunos, individualmente ou com toda a classe.

Tabela 6.1 » **Ferramentas para interagir com os alunos *on-line***

	Sincrônicas (em tempo real)	Assincrônicas (em tempo não real)
Um para vários	Sala de bate-papo Quadro branco *on-line*	Anúncios Mensagens E-mails Painéis de discussão Fóruns Blogs
Um para um	Mensagens instantâneas Bate-papo Quadro branco *on-line*	Mensagens pessoais E-mails

Cada vez mais instituições de educação vocacional estão apostando em seus ambientes virtuais de aprendizagem para obter economias de custo, proporcionar experiências de aprendizagem flexíveis e motivar os alunos. Como os ambientes são virtuais, existem oportunidades para os alunos desenvolverem e praticarem suas habilidades vocacionais em um ambiente seguro. As características interativas dos ambientes virtuais de aprendizagem também dão suporte à popular ideia de experiência de sala de aula invertida.

>> A sala de aula invertida

O maior uso da Internet, de ambientes virtuais de aprendizagem, de recursos *on-line* e multimídia de aprendizagem otimizou o uso do precioso tempo das aulas presenciais. Seja na sala de aula, na oficina, no salão ou no campo, o tempo para que os alunos criem relações, facilitem a aplicação de habilidades e respondam a perguntas é crucial para experiências de aprendizagem eficazes. A fim de maximizar o uso desse tempo em uma época de restrições orçamentárias, muitos profissionais atuantes estão considerando alguns dos conceitos do modelo de sala de aula invertida (*flipped classroom*).

Quando se assume uma abordagem "invertida" de ensino e aprendizagem, em vez de empregar o tempo da aula dando uma palestra a todo um grupo de alunos, esse papel de transmissão de conhecimento é substituído por um vídeo contendo recursos visuais de apresentação e narração em áudio. Os alunos se ocupam com os recursos multimídia no seu próprio tempo em seus computadores ou dispositivos móveis, o que os permite utilizar a aula presencial para atividades mais colaborativas e interativas. O tutor se torna o facilitador do aprendizado, em vez de transmissor de conhecimento.

>> ESTUDO DE CASO

Sandra é professora de tecnologia da informação em uma grande universidade.

O setor de TI muda com rapidez, e é necessário ter cuidado para que os principais resultados de aprendizado de cada unidade ou módulo reflitam isso. Na tecnologia da informação, percebi que os alunos têm consciência do uso de redes sociais (usando *sites* como o Facebook, por exemplo) e do poder de tecnologias móveis e de *smartphone*, mas não de aplicações *on-line*. Eu os estimulei a usar "aplicações em nuvem" para aprimorar o aprendizado colaborativo. As aplicações em nuvem são armazenadas em servidores centrais e são acessadas por meio de qualquer dispositivo com acesso à Internet. Elas permitem que diversos usuários trabalhem com o mesmo documento, projeto ou modelo. O fato de duas ou mais pessoas poderem trabalhar no mesmo projeto de TI ao mesmo tempo replica o ambiente de trabalho, pois os projetos grandes de TIC são desenvolvidos por equipes. Um exemplo é o Prezi.com. O tópico da igualdade e diversidade é uma questão importante na FE, e eu usei o Prezi como uma ferramenta para que alunos de Nível 3 trabalhassem juntos, sob a direção de um líder de equipe, para desenvolver e expor uma apresentação sobre igualdade e diversidade no local de trabalho.

Isso lhes mostrou que se pode desenvolver e entregar sessões de treinamento de TIC em uma variedade de tópicos. Eles também puderam ver que podem desenvolver ideias trabalhando juntos e ao mesmo tempo, com o projeto crescendo diante deles no estágio de desenvolvimento, em vez de revisar e corrigir cada estágio após o projeto ser concluído.

A TIC envolve aprender componentes teóricos e práticos. Como reforçar a teoria de um modo prático pode ser um problema. Muitos dos meus alunos gostam de trabalhar com prática. Eles querem ficar nos computadores criando *sites*, escrevendo códigos e desenhando gráficos. Usar o tempo para fazer com que eles entendam os componentes teóricos às vezes é difícil. Um jeito eficiente de gerenciar o ambiente de uma sala de TI é usando *software* especializado, que permite que eu controle a tela do computador de cada aluno. Eu posso usar o *software* para transmitir a apresentação da minha tela para as deles. Isso elimina a tentação de mexer no Facebook ou checar o *e-mail* durante minha aula!

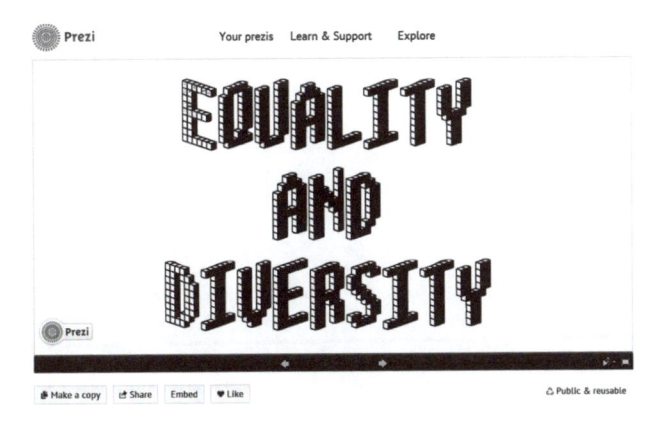

Figura 6.3 Apresentação sobre igualdade e diversidade usando Prezi.

(Continua)

(Continuação)

Também considero o uso de ferramentas interativas de aprendizagem muito útil para envolver meus alunos. Ferramentas como Triptico (www.triptico.co.uk) possibilitam que eu proponha desafios envolventes que recapitulam os principais pontos das lições anteriores ou apresente os objetivos de aprendizagem da lição atual. O uso das ferramentas interativas fez uma grande diferença no sucesso das minhas aulas. Atraso e falta de foco no início da aula eram um problema. Agora, o uso de uma sessão interativa de 10-20 minutos, por exemplo, usando o aplicativo de roleta do Triptico para estimular o debate ou servir como teste, faz com que os alunos queiram chegar antes do início da aula para que consigam participar, aprendendo por estarem ativamente envolvidos no processo.

Os alunos podem vir até o quadro e desenvolver sua própria atividade com as ferramentas do Triptico, e a capacidade de controlar sua própria aprendizagem os autonomizou. A taxa de aprendizado aumentou, e meus níveis de estresse diminuíram! Os alunos estão trabalhando com mais afinco, e eu me torno cada vez mais uma facilitadora.

» Agora é a sua vez!

Confira os recursos interativos gratuitos para tutores disponíveis na Internet. Explore as ferramentas e pense em como elas poderiam ser utilizadas na sua aula, seja como introdução do conteúdo, na apresentação do conteúdo principal ou como ferramenta de revisão.

» PARA REFLETIR

Considere a ementa da sua matéria. Há aspectos do seu programa de ensino que os alunos acham menos envolventes, menos práticos ou chatos? Quais abordagens você poderia usar para envolver e motivar seus alunos por meio de atividades de aprendizado baseado em experiências?

≫ Aprendizagem por meio de *coaching* (treinamento)

Um *coach* (treinador/mediador) experiente e com conhecimento pode ser um recurso precioso para que os alunos desenvolvam os padrões das suas habilidades aplicadas e práticas. Em muitas matérias, você atuará como o *coach*, modelando, corrigindo, guiando e aconselhando sobre as melhores técnicas, os hábitos a evitar, como usar os materiais e ferramentas do seu ofício. Como *coach*, você também poderá dar apoio emocional e estímulo quando as coisas não estiverem bem, erros acontecerem e os níveis de motivação despencarem.

*Você também pode estimular os alunos a fazer coaching uns com os outros, fazer perguntas, negociar metas e identificar ações. Credita-se a Whitmore (2003) o desenvolvimento do popular modelo "GROW" de coaching, que visa ao desencadeamento potencial de um ciclo que explore metas, realidade, oportunidade e vontade de comprometimento (**G**oals, **R**eality, **O**pportunities and **W**ill to commit) da pessoa.*

Tabela 6.2 ≫ **Modelo GROW de Whitmore**

Meta	O que você quer realizar?
	O que a realização disso provocaria no longo prazo?
	Até quando você gostaria de realizar isso?
Realidade	Qual é a sua posição atual?
	O que o impede de prosseguir?
Opções	O que você pode fazer?
	O que mais?
	E o que mais?
Vontade	O que você fará?
	Qual será seu primeiro passo?

Tolhurst (2010) propõe o modelo LEAP como uma alternativa útil:

L – *Looking at goals* (examinar metas)

E – *Exploring reality* (explorar a realidade)

A – *Analysing possibilities* (analisar possibilidades)

P – *Planning action* (planejar ação)

Assim, o *coaching* pode ser um processo contínuo de correção e orientação, com os alunos se envolvendo com atividades práticas para desenvolver suas habilidades. Ele também pode fazer parte de um processo formalizado, usando modelos e marcos teóricos para guiar os alunos na identificação de metas, na mudança da sua prática e na superação de barreiras para atingi-las. Para muitos, o processo de *coaching* é um modo de aprender sobre si mesmo, sobre como aprendemos e sobre como podemos melhorar as nossas próprias estratégias de aprendizado. Essas habilidades de meta-aprendizado equipam os alunos com a tenacidade e a confiança para ter sucesso nas vocações que escolheram.

>> ESTUDO DE CASO

Helen é uma treinadora vocacional *freelancer* em gestão e liderança.

Eu trabalhei por mais de 20 anos na indústria de bens de consumo para diversas grandes empresas que produzem marcas famosas em setores como refrigerantes e salgadinhos. Após começar minha carreira em vendas, eu passei para o *marketing* e me tornei líder sênior em uma grande companhia limitada privada. Agora trabalho como consultora organizacional e *coach* executiva.

Por toda a minha carreira, apoiei os outros em suas jornadas de aprendizado por meio de treinamento formal e *coaching* como parte da minha função de gerente de linha. O treinamento da indústria tendia a ser vocacional, com foco no aprendizado de novas habilidades por parte dos participantes, para que eles as aplicassem em suas funções para melhorar o desempenho.

Hoje, eu treino e dou *coaching* a outros consultores em habilidades específicas das suas funções. Na minha experiência, o treinamento vocacional deve enfocar o aprendizado, e não o treinamento. O foco da minha atenção deve ser nos participantes e no seu aprendizado, e não no que eu estou fazendo e no que vem em seguida. Isso exige prática e nem sempre é fácil, mas os participantes percebem a diferença, aprendem mais e, por consequência, o *feedback* costuma ser melhor.

Uma vez, ouvi dizer que as pessoas raramente se lembram de mais de uma ou duas coisas significativas de uma sessão de treinamento e, ao refletir sobre a minha experiência, concluí que essa afirmação quer dizer algo. Isso influenciou o modo como projeto uma sessão. A minha intenção é sempre manter o conteúdo "falado" ou "empurrado" em um pequeno número de grandes ideias, que então utilizo como um esqueleto em torno do qual construir a experiência de aprendizado. Então, peço que o aluno faça sua contribuição ao aplicar o aprendizado. Deve haver uma motivação clara para que o aluno se envolva com o treinamento, pois assim ele pode "puxar" o conteúdo de que precisa, fazendo perguntas e tentando resolver problemas que são relevantes para a sua própria função.

Há pouco tempo, participei de uma oficina na qual um psicólogo célebre falou sobre neurociência e a natureza da mudança. Como você deve imaginar, não é um tema fácil de tratar – mesmo para uma sala cheia de *coaches*, que trabalham todos os dias nas jornadas de mudança dos seus clientes.

Com essa sessão, eu aprendi a importância de simplificar as sessões de treinamento. Ele usava uma linguagem coloquial e cotidiana, que conseguíamos entender facilmente. Ele contou várias histórias muito envolventes e frequentemente muito engraçadas para fundamentar seus argumentos e limitou o número de slides de PowerPoint® a um mínimo. Muitas vezes, os treinamentos confundem mais do que esclarecem, então eu passo um bom tempo pensando em como simplificar a minha sessão para os alunos.

Quando o treinador adota um modo de transição em relação à exposição, ele costuma se concentrar em enviar energia para a sala inteira, em geral. Ele não diferencia um aluno do outro. Essa não é uma experiência pessoal para o aluno, e pode ser uma experiência muito superficial. Quando a energia flui em ambos os sentidos, o treinador e os participantes estão verdadeiramente conectados. O treinador sente que eles estão "em fluxo" ou "na zona", e os participantes ficam realmente envolvidos.

Eis algumas ideias que eu uso para que a energia flua em ambos os sentidos:

- Postura e respiração – fique de um jeito em que se sinta firme e confortável e respire com facilidade, de preferência com o diafragma/barriga, e não com o peito.
- "Converse" com os participantes – não os "treine".
- Seja curioso com as respostas deles – dê-lhes o tempo necessário e escute-os atentamente.
- "Convide-os a entrar" – peça que eles compartilhem suas próprias experiências e conhecimento sobre a matéria que estão estudando. Isso realmente funciona.

Eu, muitas vezes, uso uma técnica chamada de "questionamento apreciativo". Pergunto-lhes o que eles gostam na matéria e o que está funcionando para eles. Ao fazer o fechamento dos exercícios, eu costumo envolver todos os participantes e perguntar-lhes do que gostaram no trabalho dos outros. Essa abordagem ajuda a enfocar os pontos positivos da situação e o que funciona em vez de se emaranhar em problemas, questões e barreiras. Compartilhando histórias de sucesso e soluções, todo o grupo pode dividir boas práticas, coletar novos modos de trabalhar e desenvolver mais as práticas eficazes existentes.

Eu considero os estudos de caso uma maneira maravilhosa de possibilitar que os participantes pratiquem seu aprendizado. Quando possível, uso estudos de caso que são baseados em situações. Quando os alunos sabem que são reais, de alguma forma parece que ficam ainda mais envolvidos.

Assim como estudos de caso reais, o uso de pessoas reais na aprendizagem pode ser uma ferramenta poderosa. Ao treinar habilidades de venda, por exemplo, o uso de clientes reais pode ser uma ótima maneira para os alunos praticarem suas novas habilidades em uma situação a mais real possível, ao mesmo tempo em que se tem um máximo de segurança. Ao treinar habilidades de pesquisa, eu peço que os alunos organizem um grupo de foco real e coletem dados reais.

(Continua)

(Continuação)

Sempre ouvi dizer que esse é o pulo do gato em uma experiência de aprendizado – e é muito raro também.

Eu tento fazer com que minha concepção de aprendizado seja congruente com o que quero atingir e com a matéria sendo ensinada. Por exemplo, em uma sessão de treinamento com executivos sobre como ser mais criativo e inovador, eu tomo providências para que minha abordagem seja inovadora e o ambiente de aprendizagem esteja localizado em um espaço criativo, sempre que possível. Quando treino pessoas em habilidades de *coaching*, faço com que haja oportunidades para que os alunos apliquem suas habilidades fazendo *coaching* uns com os outros.

Para que a experiência de treinamento seja mais eficaz, eu sempre peço que os participantes do meu curso reflitam sobre o que aprenderam no fim do treinamento e dividam isso com os demais participantes. Muitas vezes, peço que eles pensem sobre o que aprenderam, o que os surpreendeu e o que eles farão de forma diferente.

Então, como acompanhamento, faço com que eles tenham suporte de *coaching* – talvez de um gerente de linha ou um especialista na matéria. O uso de "conjuntos de aprendizado em ação" pode realmente ajudá-los a incorporar seu aprendizado.

» Aprendizagem por meio de reflexão

Como salientado no ciclo experiencial de Kolb (1984), refletir cuidadosamente sobre uma experiência concreta é um importante processo de aprendizagem, criando significado e desenvolvendo uma compreensão mais profunda. Ampliando o trabalho de Dewey (1933), Schön (1983) salienta duas formas úteis de prática reflexiva: "reflexão em ação" e "reflexão sobre ação". Reflexão em ação *envolve pensar sobre a ação enquanto se a executa, o que pode provocar uma modificação da ação enquanto ela transcorre* (Schön, 1983: 50). Para o aluno da educação vocacional, a reflexão em ação pode ser adotada durante uma sessão prática para modificar uma prática ou processo a fim de melhorar o resultado. Por exemplo, em uma movimentada cozinha de treinamento, o estudante de gastronomia estará continuamente refletindo sobre sua aprendizagem experiencial, acrescentando ingredientes ao sabor, atendendo a pedidos recebidos pelo restaurante, reagindo aos demais na movimentada equipe gastronômica e ao que está ocorrendo ao seu redor.

Reflexões após o evento podem ser vistas como "reflexão sobre ação". Reflexão sobre ação *envolve pensar em retrospecto e falar sobre as ações, o que pode fazer com que ações subsequentes de tipo semelhante sejam modificadas à luz dessa reflexão* (Schön 1983: p. 50). Para o aluno da educação vocacional, esse pode ser o processo de avaliação pós-aula prática, em que uma reflexão crítica da aula é realizada em termos da eficácia da aplicação de habilidades. Por exemplo, o *trainee* de cabeleireiro refletirá sobre a movimentada experiência no salão, o nível de satisfação do cliente, a precisão dos cortes, como ele trabalhou como parte de uma equipe e o profissionalismo do atendimento. Refletindo-se sobre a experiência, mudanças, retoques e melhorias podem ser identificados, planejados e implantados na próxima vez, desenvolvendo mais as habilidades em uma tentativa de desenvolver competência funcional.

Gibbs (1988) oferece um modelo de reflexão, ou "ciclo de reflexão", com base no trabalho de Kolb. O modelo de seis estágios de Gibbs proporciona uma referência útil para refletir sobre "experiências concretas", como aulas práticas, por exemplo:

1. Descrição: o que aconteceu.

2. Sentimentos: o que você estava pensando e sentindo.

3. Avaliação: o que houve de bom e de ruim na experiência.

4. Análise: o que você consegue entender da situação.

5. Conclusão: o que mais você poderia ter feito.

6. Plano de ação: se ocorresse de novo, o que você faria.

Brookfield (1995) oferece um modelo de reflexão baseado na consideração de diferentes perspectivas de uma experiência. O modelo das "lentes críticas de reflexão" identifica quatro pontos de vista diferentes (ou lentes críticas) que devem ser levados em consideração quando se reflete sobre uma experiência. Para o aluno, refletir usando esse modelo pode envolver a consideração dos resultados da experiência de aprendizado a partir de diversas perspectivas:

- Autobiografia: quais são os pensamentos e as opiniões do aluno sobre a experiência?
- Olhos dos tutores/empregadores: qual é o *feedback* dos profissionais duplos experientes?
- Percepções dos colegas: o que os nossos colegas pensam e sentem sobre nossas habilidades e nosso desempenho?
- Literatura teórica, filosófica e de pesquisa: o que a teoria sugere?

Contribuindo para o debate sobre a importância da prática reflexiva, propomos o nosso próprio modelo para guiar e moldar uma reflexão sobre a prática que possa levar a desenvolvimento e impacto positivos. O modelo de Investigação Reflexiva Independente para Solução(ões) (IRIS) incentiva os alunos a adotar uma abordagem baseada em soluções para superar barreiras ou problemas em sua prática vocacional em desenvolvimento. São apresentadas quatro lentes sequenciais a fim de guiar a consideração sobre como seus pontos fortes e desenvolvimento contínuo de habilidades podem ser usados para identificar uma intervenção. O modelo incentiva os alunos a se movimentar pelo fluxo da reflexão, focando como intervenções podem ser implementadas na prática e que impacto elas podem ter sobre a prática futura.

Estágio 1: Incidente

Os alunos devem identificar um incidente crítico específico de sua prática ou experiência sobre o qual refletir. Eles devem descrever o incidente – quais são as suas preocupações? Eles identificaram uma barreira ao sucesso?

Estágio 2: Intervenção

Após identificar uma incidência em sua prática, os alunos devem pensar em uma intervenção que possa resolver as preocupações. Como essa intervenção pode ampliar seus pontos fortes? Que habilidades eles podem precisar desenvolver, e quem pode apoiá-los na movimentação pelo fluxo? (Por exemplo, tutor, mentor, *coach*, empregador.)

Estágio 3: Implementação

Havendo identificado uma possível intervenção, como o aluno pode implementá-la na sua prática vocacional? O que os tutores e empregadores podem fazer para que isso aconteça? Quais considerações práticas e logísticas precisam ser trabalhadas?

Estágio 4: Impacto

Por fim, os alunos devem considerar o impacto que a intervenção pode ter sobre a sua prática futura. Como seria o sucesso? Existem áreas de risco? Como será medido o impacto? A implementação teve êxito? Eles têm mais alguma preocupação?

Dependendo do resultado, os alunos podem voltar a qualquer estágio do modelo a fim de refinar e desenvolver suas reflexões e sua prática.

Aprendizagem por meio de competição

A cada dois anos, a World Skills Foundation organiza e coordena o desafio International World Skills. Centenas de alunos da educação vocacional de todo o mundo, acompanhados de seus tutores, juntam-se para competir perante o público nas habilidades de seus vários ofícios, testando-se em relação a desafiadores padrões internacionais. Eles representam o melhor dentre seus colegas, vindo de mais de 65 países diferentes.

O World Skills UK – The Skills Show é uma mostra desafiadora da excelência vocacional de alunos de todo o Reino Unido. O ganhador dessa competição define a equipe britânica que competirá no desafio International World Skills.

> Juntamente com outras atividades, como educação empreendedora, experiência de trabalho e experiências culturais, as competições de habilidades podem contribuir para fixar metas claras e exigentes de aprendizado e rendimento. Elas também mostraram que contribuem para inspeções "excelentes" por parte do Ofsted. A atividade em competições aumenta a empregabilidade dos alunos, dá acesso a recursos internacionais de ensino e aprendizado e eleva o perfil dos programas de aprendiz e do ensino vocacional. (World Skills UK, 2013)

Tabela 6.3 >> **As 46 áreas de habilidades vocacionais na competição World Skills UK**

Construção e suas tecnologias	Emassamento e sistemas de *drywall*
	Refrigeração e ar-condicionado
	Jardinagem e paisagismo
	Carpintaria
	Esquadrias
	Marcenaria
	Pintura e decoração
	Cantaria arquitetônica
	Alvenaria
	Instalações elétricas
	Encanamento e calefação
	Azulejaria de paredes e pisos

(Continua)

(Continuação)

Tabela 6.3 >> As 46 áreas de habilidades vocacionais na competição World Skills UK

Artes criativas e moda	*Merchandising* visual/vitrinismo
	Tecnologia de *design* gráfico
	Tecnologia de moda
	Floricultura
	Joias
Tecnologia da informação e da comunicação	Tecnologia de mídia impressa
	Cabeamento de redes de informação
	Administração de sistemas de rede de TI
	Webdesign
	Soluções comerciais de TI para empresas
Tecnologia de produção e engenharia	Engenharia de matrizes plásticas
	Modelagem de protótipos
	Tecnologia de chapas metálicas
	Trabalho em metal de construção
	Robótica móvel
	Eletrônica
	Soldagem
	Usinagem CNC
	Tornearia CNC
	Projeto de engenharia mecânica – CAD Mecatrônica
	Desafio de equipe de produção
	Polimecânica/automação
	Controle industrial
Serviços sociais e pessoais	Saúde e assistência social
	Atendimento em restaurantes
	Cozinha
	Confeitaria
	Terapia cosmética
	Cabeleireiro
Transporte e logística	Manutenção de aeronaves
	Pintura automotiva
	Tecnologia automotiva
	Conserto de lataria

Agora é a sua vez!

1. Explore o *site* http://www.worldskillssaopaulo2015.com/ e identifique as etapas para inscrever seus alunos em uma competição mundial de educação profissional.

2. Considere o valor de organizar uma competição de habilidades na sua instituição. Quais seriam as vantagens e que recursos seriam necessários para fazer disso uma realidade?

Da mesma forma que o World Skills, outros eventos ajudam a elevar o perfil do aprendizado vocacional, celebrar conquistas e enfatizar o desenvolvimento e a exposição de habilidades profissionais.

❯❯ VQ Day

Lançado em 2008 para elevar o *status* do aprendizado prático e vocacional e para celebrar realizações vocacionais, o VQ Day (www.vqday.org.uk) é uma celebração britânica de qualificações vocacionais para alunos, tutores e empregadores. Organizado pela instituição de caridade de aprendizado técnico, prático e vocacional Edge Foundation, o VQ Day ajuda a reconhecer os milhões de pessoas talentosas e habilidosas em todo o Reino Unido que obtêm qualificações vocacionais (VQs) todo ano.

❯❯ Adult Learners' Week

Organizada pelo NIACE, a Adult Learners' Week (www.alw.org.uk) é uma celebração nacional dos benefícios da FE e Habilidades. Todos os anos, milhares de eventos são promovidos durante a semana para reconhecer as conquistas de alunos adultos e elevar o perfil de diferentes tipos de aprendizado adulto, incluindo progresso no trabalho, manter a forma, melhorar a saúde, sustentar a família, ajudar a comunidade, ser criativo e desenvolver a si e aos outros.

Todo ano, prêmios são dados com base em muitas histórias inspiradoras de dedicação e realização em ensino e treinamento adulto, incluindo aprendizes adultos.

❯❯ National Apprenticeship Week

Coordenada pelo National Apprenticeship Service (NAS), a National Apprenticeship Week (www.apprenticeships.org.uk) é concebida para celebrar programas de aprendizado e o impacto positivo que eles têm sobre pessoas e empresas. Os empregadores são estimulados a se envolver de diversas formas a fim de promover os benefícios da aprendizagem vocacional. Eventos liderados por empregadores incluem:

- revezamentos de emprego e eventos "de volta aos fundamentos";
- *halls* da fama de aprendizes;
- dias das portas abertas e eventos de acompanhamento no trabalho;
- desafios de empregadores.

» Aprendizagem por meio de jogos

Assim como a aprendizagem por meio de competições, jogos e simulações podem oferecer aos alunos oportunidades preciosas para praticar e desenvolver suas habilidades em um ambiente "seguro", em que cometer erros é esperado e não leva a problemas difíceis e dispendiosos. Os jogos podem ser tradicionais, fazendo uso de recursos humanos e físicos para resolver problemas e dilemas. Atualmente, é mais comum que jogos envolvam computadores, *software* e outras tecnologias para proporcionar oportunidades de aprendizado interativas e envolventes, servindo-se do poder do lúdico. Esses ditos "jogos sérios" são o foco de grande parte da pesquisa atual.

O trabalho do FutureLab (2013) sobre o papel dos jogos de computador no aprendizado sugere que a aprendizagem baseada em jogos pode aumentar o envolvimento e a motivação, mas não necessariamente melhorar o rendimento. Eles identificam diversas recomendações para integrar os jogos ao ensino, com o suporte de um processo pedagógico claro. Em particular:

- Colocar as atividades de aprendizado e o conteúdo acadêmico dentro do contexto ficcional e de entretenimento do *video game*, conservando um equilíbrio entre diversão e estudo.
- Fazer do conteúdo acadêmico uma parte integrante do jogo, e não um adicional. Tarefas específicas de conteúdo funcionam melhor quando imbricadas no contexto e nas regras (a "mecânica") ficcionais do jogo.
- Planeje cuidadosamente os papéis que você e seus alunos assumirão no jogo. Os tutores devem desempenhar papéis que lhes permitam mediar a experiência para os alunos; dar orientação, quando necessário; fazer com que as regras sejam seguidas; e manter um clima de respeito.

- Não tente separar componentes descontextualizados do jogo (como insígnias, pontuações, painéis de líderes) do contexto e das regras ficcionais do jogo (a "mecânica").

O "jogo" do simulador de voo é um exemplo geralmente compreendido, no qual pilotos em treinamento utilizam sofisticados *software* e equipamentos computadorizados para desenvolver suas habilidades de voo e aterrissagem de aeronaves. Jogos de simulação são de uso comum em profissões médicas, praticando-se certos procedimentos e processos que os alunos não poderiam começar a realizar em pacientes de verdade. O uso de tecnologias avançadas, como realidades aumentadas ou virtuais, dá oportunidades novas e emocionantes para experiências simuladas realistas de desenvolvimento de habilidades práticas. O mundo virtual do Second Life (www.secondlife.com) oferece um ambiente virtual no qual milhões de pessoas de todo o mundo participam de jogos, simulações e experiências realistas.

>> ESTUDO DE CASO

Lenny é um treinador vocacional *freelancer* que acredita no poder da brincadeira no processo de aprendizagem.

Como educador e treinador, sou fascinado por brincadeiras. Sou fascinado pelos jogos que jogamos; pelas semelhanças e diferenças entre as brincadeiras que surgem ao longo do tempo e das culturas; e por quem queremos que brinque conosco e quem não queremos que brinque conosco. Mas o que mais me fascina é como aprendemos brincando e como a brincadeira cria uma comunidade.

A brincadeira na educação é, muitas vezes, vista como o domínio da infância. Quando criança, aprende-se muito brincando ou, ao menos, explorando-se ludicamente o mundo. Aprendemos a contar brincando de "lojinha" e praticamos nossas habilidades sociais brincando de papai e mamãe, polícia e ladrão e de escola. Já faz algum tempo que os psicólogos comportamentais sabem que os nossos cérebros são programas para aprender brincando; que, quando brincamos, desenvolvemo-nos social, emocional e também cognitivamente. A nossa política e prática educacionais na infância refletem isso.

É claro, contudo, que, à medida que os alunos ficam mais velhos, usamos cada vez menos os jogos como uma ferramenta educacional. Eu acho que esse é um dos maiores erros que cometemos como profissionais atuantes. Jogos sérios são jogos projetados para desenvolver uma solução ou uma intervenção em um problema do mundo real. Um exemplo de jogo sério é um programa chamado Foldit, desenvolvido pela Universidade de Washington. O Foldit é um *video game on-line* no qual os participantes mexem ou dobram as estruturas de moléculas de proteína a fim de criar modelos tridimensionais da proteína.

(Continua)

(Continuação)

O que o Foldit demonstra é que um jogo bem projetado, seja ele jogado no mundo digital ou no mundo real, pode, literalmente, tornar-nos mais inteligentes. Um jogo bem projetado pode levar-nos a abordar um problema de maneira mais criativa do que faríamos de outra forma. Um jogo bem projetado permite que colaboremos com os outros, partindo dos sucessos e fracassos dos outros. De modo geral, um jogo bem projetado permite que aprendamos com os nossos fracassos, enxergando os nossos fracassos como protótipos – são habilidades fundamentais que os alunos precisam desenvolver, qualquer que seja a matéria estudada.

Eu já joguei jogos com uma variedade de alunos de diferentes capacidades, desde estudantes do ensino médio até graduandos universitários. Jogar com os alunos permite que eles se envolvam de um modo que não acontece sem jogos. Os alunos ficam imersos, empolgados. Eles têm o desejo verdadeiro de ver a próxima peça do quebra-cabeça ou cenário se desenvolver. Mais importante que isso é que o jogo dá aos alunos uma experiência emocional, sinestésica e tangível a partir da qual podem desenvolver seu aprendizado.

Outra coisa boa do jogo é que ele cria comunidade. Somos animais sociais, com um forte desejo de fazer conexões com os outros. O jogo nos dá a oportunidade perfeita para fazer isso. A fim de se dar conta de como o jogo pode ser poderoso para criar comunidade, só é preciso lembrar como nos sentíamos quando um grupo de amigos que brincavam juntos nos dizia que não podíamos brincar com eles.

Também sabemos que os jogos podem criar comunidade por meio de eventos desportivos, como jogador ou torcedor em um time escolar, regional ou nacional, ou mesmo como espectador de um grande evento, como as Olimpíadas. Jogos dão às pessoas um sentimento de pertencimento e um desejo de fazer parte de uma coisa maior. Isso não acontece apenas no esporte, mas também quando um grupo de amigos vai jogar *paintball* ou quando centenas de pessoas participam de eventos comunitários.

Jogar com os alunos possibilita que eles comecem a confiar uns nos outros e respeitar-se, o que, por sua vez, auxilia no seu aprendizado. Essa é a premissa do "espírito de equipe". Quando jogamos juntos, aprendemos algo sobre nós mesmos e sobre as outras pessoas que estão jogando, o que permite que nos relacionemos diferentemente. A maioria dos tutores "faz" atividades de construção de equipe na "semana de integração" e espera que isso seja suficiente para uma turma durante um curso de um ou mesmo dois anos. Não se constrói uma casa esperando-se não ter que fazer manutenção. Da mesma forma, não se constrói uma equipe esperando-se não ter que fazer manutenção. Haverá coisas que não darão certo no seu grupo de alunos. Haverá transtornos, grupos e panelinhas serão formados e alguns alunos terão muito pouca interação com os outros alunos, tanto dentro quanto fora da sala de aula. Embora muito disso esteja fora do seu controle, ao jogar jogos com regularidade, você possibilitará que seus alunos fortaleçam e reconstruam relações.

Os jogos precisam ser bem projetados a fim de produzir os melhores resultados. Os que melhor funcionam são os jogos de natureza colaborativa, e não os jogos polarizadores. Isso não quer dizer que os jogos não podem ser competitivos. A competição pode ajudar as pessoas e os grupos a buscar melhorar. No entanto, se em algum estágio do jogo ou atividade os alunos sentirem que não podem "ganhar", o que queriam ganhar, eles ficarão desmotivados e dispersos.

O que isso quer dizer para as nossas políticas e práticas educacionais? Pat Kane, autor de The Play Ethic (2004), afirma que o jogo será para o século XXI o que o trabalho foi para a era industrial: nossa maneira dominante de conhecer, fazer e criar valor. As nossas políticas e práticas educacionais precisam preparar os nossos alunos não apenas para o mundo onde vivemos hoje, mas para o novo mundo que emerge. O mundo que ainda não conhecemos.

A nossa necessidade é sermos adaptáveis e confiantes solucionadores de problemas. Jogos podem criar esses alunos (e efetivamente os criam). Contudo, para que tutor e aluno tenham confiança no aprendizado pelo jogo, precisamos criar novas narrativas de jogo. Não podemos permitir que o jogo seja visto como o domínio do setor da infância, e precisamos respeitar o jogo como uma ferramenta legítima de aprendizado, independentemente da idade. Os jogos precisam tornar-se uma parte do *kit* de ferramentas do tutor e do aluno.

Agora é a sua vez!

1. Pense sobre a matéria que ensina e a sua prática atual. Você explora o poder do jogo na sua abordagem de ensino e aprendizagem?

2. Você poderia introduzir um "jogo sério" na sua abordagem a fim de desenvolver as habilidades e o senso de comunidade dos alunos?

3. O seu jogo seria tradicional ou faria uso de tecnologias de aprendizagem, Internet e mundos virtuais?

Ensino e aprendizado cooperativos

O aprendizado cooperativo pode ser definido, em termos gerais, como toda situação de aprendizado em sala de aula em que os alunos de todos os níveis de desempenho trabalham juntos em grupos estruturados rumo a uma meta comum ou compartilhada. Nas salas de aula onde a colaboração é praticada, os alunos buscam o aprendizado em grupos de diferentes tamanhos: negociando, iniciando, planejando e avaliando juntos. Em vez de trabalhar como indivíduos em competição com todos os outros indivíduos da sala de aula, é dada aos alunos à responsabilidade de criar uma comunidade de aprendizado em que todos os alunos participam de maneiras importantes e significativas.

O aprendizado cooperativo exige que os alunos trabalhem juntos para atingir metas que não poderiam atingir individualmente. É um jeito de os alunos aprenderem habilidades de vida interpessoais essenciais e desenvolverem a capacidade de trabalhar colaborativamente – uma habilidade que tem demanda no local de trabalho. É um modo de os alunos se revezarem em diferentes papéis, facilitando, registrando, relatando, etc. Em um grupo cooperativo, cada aluno possui uma tarefa específica; todo mundo precisa estar envolvido no aprendizado ou projeto.

Estratégias para promover aprendizado e ensino cooperativo eficaz incluem:

- Estabelecer ligação.

O primeiro passo que você precisa dar é estabelecer uma relação positiva com a sua turma. Descubra seus hobbies, para qual trabalho eles querem progredir, barreiras que eles possam ter, etc.

- Estabelecer objetivos grupais claros.

O aprendizado colaborativo eficaz envolve o estabelecimento de metas de grupo, assim como responsabilidade individual. Isso assegura que eles se atenham à tarefa e estabelece um propósito explícito. Antes de começar a tarefa, isso garante que os objetivos sejam claramente definidos.

- Desenvolver confiança e promover comunicação aberta.

Deve-se promover comunicação interpessoal bem-sucedida na turma e nos grupos. A criação de confiança é vital para isso. Lide com questões emocionais e dificuldades interpessoais que surgirem imediatamente antes de seguir adiante. Os projetos devem incentivar os membros da equipe a explicar conceitos minuciosamente aos outros, de maneira clara e significativa. A comunicação aberta é absolutamente vital em abordagens cooperativas.

» Como planejar abordagens cooperativas?

Geralmente, os alunos trabalham em equipes, normalmente compostas por quatro a seis membros. Desse jeito, eles podem se dividir em duplas para algumas atividades e depois voltar a se reunir em equipes rapidamente para outras. É importante, porém, estabelecer normas e protocolos na sala de aula a fim de guiar os alunos para:

- contribuir;
- ater-se à tarefa;
- ajudar uns os outros;
- incentivar uns os outros;
- compartilhar;
- resolver problemas;
- dar e aceitar *feedback* dos seus colegas.

Um modo de iniciar o aprendizado cooperativo é começar com duplas em vez de com equipes inteiras. Dois alunos podem aprender a trabalhar com eficiência em atividades como a seguinte:

1. Distribua uma folha sobre a matéria específica com problemas que eles precisam resolver, pedindo que os alunos trabalhem em duplas.
2. Um dos alunos resolve o primeiro problema, com o segundo atuando como *coach*.
3. Então, para o segundo problema, os alunos trocam de papel.
4. Ao terminarem o segundo problema, eles se juntam com outra dupla e verificam as repostas.
5. Após as duas duplas terem chegado a um acordo sobre as respostas, peça que eles apertem a mão e continuem trabalhando em duplas nos próximos dois problemas.

Outras estratégias incluem a abordagem do "quebra-cabeça":

1. Selecione um tópico, conceito, tema ou questão e divida-o em partes (p. ex., desemprego: causas de curto prazo, causas de longo prazo, efeitos de curto prazo e efeitos de longo prazo).
2. Disponha os alunos em "grupos de *experts*".
3. Atribua a cada grupo uma peça do "quebra-cabeça" (p. ex., causas de curto prazo, causas de longo prazo...) e peça que eles desenvolvam *expertise* sobre essa peça.
4. Envie "alunos *experts*" individuais para grupos mistos (com *expertise* diferente) e faça-os debater e compartilhar sua *expertise*.

Agora é a sua vez!

Considere as estratégias de ensino que você usa para desenvolver aprendizado ativo e cooperativo nas suas aulas. Considere o processo de observação de pares, no qual você expande o seu leque de estratégias trabalhando com outros tutores, tanto experientes quanto iniciantes. Que outras formas de desenvolvimento profissional você poderia utilizar para expandir seu *kit* de ferramentas de tutor vocacional?

LEITURAS COMPLEMENTARES

Dweck, C (2012) *Mindset: How You Can Fulfil Your Potential*. Londres: Robinson Publishing.

Eastwood, L, Coates, J, Dixon, L e Harvey, J (2009) *A Toolkit for Creative Teaching in Post-Compulsory Education*. Londres: Open University Press.

Kane, P (2004) *The Play Ethic: A Manifesto For a Different Way of Living*. Londres: MacMillan.

Kehoe, D (2007) *Practice Makes Perfect: The Importance of Practical Learning*. Londres: The Social Market Foundation.

Perrotta, C, Featherstone, G, Aston, H e Houghton, E (2013). *Game-based Learning: Latest Evidence and Future Directions*. Slough: NFER.

Roffey-Barentsen, J e Malthouse, R (2013) *Reflective Practice in Education and Training*. Exeter: Learning Matters.

Tolhurst, J (2010) *The Essential Guide to Coaching and Mentoring* (Second Edition). Londres: Pearson Education Limited.

Tummons, J e Duckworth, V (2012) *Doing your Research Project in the Lifelong Learning Sector*. Maidenhead: Open University Press.

SITES

Fold IT: www.fold.it
FutureLab: www.futurelab.org.uk WorldSkills: worldskills.org
Adult Learners' Week: www.alw.org.uk

REFERÊNCIAS

Brookfield, S (1995) *Becoming a Critically Reflective Teacher*. San Francisco: Jossey-Bass.
Dewey, J (1915) *Schools of Tomorrow*. Nova York: E P Dutton & Co.
Dewey, J (1933) *How We Think. A Restatement of the Relation of Reflective Thinking to the Educative Process* (Revised Edition). Boston: D C Heath.
Gibbs, G (1988) *Learning by Doing: A Guide to Teaching and Learning Methods*. Oxford: Further Education Unit, Oxford Polytechnic.
Kane, P (2004) *The Play Ethic: A Manifesto For a Different Way of Living*. Londres: MacMillan.
Kolb, D (1984) *Experiential Learning: Experience as the Source of Learning and Development*. Englewood Cliffs, NJ: Prentice Hall.
Lucas, B, Spencer, E e Claxton, G (2012) *How to Teach Vocational Education: A Theory of Vocational Pedagogy*. Londres: City and Guilds Centre for Skills Development.
Perrotta, C, Featherstone, G, Aston, H e Houghton, E (2013) *Game-based Learning: Latest Evidence and Future Directions* (NFER Research Programme: Innovation in Education). Slough: NFER.
QCA (2007) *The Specialised Diploma*. Londres: Qualifications and Curriculum Authority.
Schön, D A (1983) *The Reflective Practitioner: How Professionals Think in Action*. Nova York: Basic Books.
Tolhurst, J (2010) *The Essential Guide to Coaching and Mentoring* (Second Edition). Londres: Pearson Education Limited.
Whitmore, J. (2003) *Coaching for Performance*. Londres: Nicholas Brealey Publishing.
World Skills (2013) *I Am Rewarding Real Talent: An introduction for Schools, Colleges and Training Providers*. Londres: The National Apprenticeship Service.

capítulo 7

Avaliação vocacional

Na educação geral, a avaliação final (ou somativa) é, com muita frequência, uma prova escrita tradicional. No ensino e treinamento vocacionais, existem muito mais oportunidades de avaliações somativas e contínuas (formativas) de conhecimento, compreensão e habilidades. Ao considerar abordagens de avaliação, é crucial entender como as pessoas aprendem, o que elas de fato aprenderam e se esse conhecimento é útil para o caminho que cada um escolheu.

Objetivos de aprendizagem

- Analisar por que, o que e como avaliar seus alunos.
- Aplicar avaliação modular, linear e sinóptica.
- Aplicar avaliação inicial, formativa e somativa.
- Redigir propostas de trabalhos vocacionais.
- Dar *feedback*.

No Reino Unido, a política a respeito de métodos de avaliação em cursos acreditados passou por mudanças recentes, afastando-se da avaliação modularizada e aproximando-se de avaliações lineares feitas no fim dos programas.

Tabela 7.1 » Abordagens de avaliação

Abordagem de avaliação	O que é?
Modular	Quando uma qualificação é obtida realizando-se avaliações de módulos ou unidades individuais, feitas em pontos diferentes durante toda a duração do programa de estudo. É comum que as avaliações dos módulos individuais sejam refeitas quando o primeiro resultado não é desejável. A avaliação modular muitas vezes é criticada por fragmentar matérias e tópicos e reduzir a oportunidade de pensamento articulado e de enxergar as ligações entre os tópicos.
Linear	A avaliação linear (ou terminal) é efetuada no fim do programa de estudo. A avaliação abrange toda a qualificação e dá uma única oportunidade de avaliação. Os críticos salientam que a avaliação linear pode ser estressante e trazer consigo altas expectativas para os alunos, pois o sucesso "concentra-se todo no grande dia".
Sinóptica	A avaliação sinóptica exige que os alunos conectem e combinem conhecimentos, compreensão e habilidades adquiridos em diferentes partes da sua qualificação. Essa abordagem possibilita que os alunos ampliem seu conhecimento em outras partes do programa ou sobre o programa como um todo. Frequentemente, adota-se uma abordagem holística à avaliação do trabalho de curso, permitindo-se que os alunos demonstrem uma variedade de habilidades cobertas em diferentes unidades ou módulos.

Também foram feitas alterações na prática de avaliação vocacional em muitas qualificações laborais. A Revisão de Educação Vocacional de Wolf (2011) recomendou que se introduzisse um elemento de avaliação externa nas qualificações vocacionais acreditadas.

> Todos os [graus] que são utilizados, vocacionais ou acadêmicos, devem fazer exigências sérias aos estudantes, desenvolver e qualificar habilidades e realizações distintivas, facilitar a progressão pós-16 e incorporar padrões do Reino Unido claramente estabelecidos e devidamente monitorados. Por conseguinte, eles precisam ter um forte elemento de avaliação externa. Isso não precisa (e, com efeito, não deve) significar avaliação inteiramente à base de exames, o que, no caso de graus vocacionais, amiúde será bastante inapropriado. Porém, sabemos que, sem referências externas regulares, os padrões de avaliação em qualquer matéria invariavelmente divergem entre instituições e avaliadores. (Wolf, 2011: 112)

Wolf aponta claramente que, para muitas qualificações vocacionais, acrescentar um exame pode não ser exatamente o modo mais apropriado de garantir padrões do Reino Unido claramente estabelecidos e apropriadamente mantidos. Muitas qualificações vocacionais estão explorando outros métodos de avaliação externa que asseguram que os padrões sejam mantidos, mas sem envolver demoradas avaliações escritas.

Quaisquer que sejam os métodos de avaliação somativa utilizados, eles devem refletir as demandas da área vocacional lecionada. Em que momento da sua vida profissional será pedido que se sente em silêncio, sem qualquer informação ou rede de comunicação de que se servir, a fim de recordar e aplicar informações? Talvez uma forma melhor de avaliação seja avaliar a iniciativa dos alunos, seu letramento digital, sua capacidade de resolver problemas sob pressão explorando os recursos ao seu redor, incluindo a Internet.

» O que queremos avaliar?

Avaliações são usadas com finalidades diferentes na educação. Duas das principais razões por que os alunos são avaliados é avaliar e aprimorar o desempenho dos alunos individuais e auditar ou medir o desempenho do sistema (o desempenho dos muitos alunos nas turmas, escolas, faculdades, fornecedores de treinamento, departamentos, órgãos públicos).

Dependendo da matéria e do momento da avaliação, podemos querer julgar os seguintes quesitos em cada aluno:

- conhecimento e compreensão;
- habilidades técnicas e práticas;
- habilidades funcionais: inglês, matemática e informática;
- habilidades gerais de aprendizado.

Avaliações individuais podem focar em emitir juízos sobre uma habilidade ou várias ao mesmo tempo. A avaliação pode ser holística, cobrindo diversos critérios de avaliação que demonstrem o conhecimento, compreensão e habilidades dos alunos. Essa costuma ser a abordagem adotada quando se avalia uma aplicação prática.

❯❯ Como queremos avaliar?

- **Avaliação conduzida pelo tutor:** quando você, como tutor ou avaliador, emite juízos sobre o nível de desempenho dos alunos e sua competência.
- **Autoavaliação:** quando os alunos emitem seu próprio julgamento sobre seus níveis de rendimento.
- **Avaliação por colegas:** quando os alunos emitem juízos de avaliação uns sobre os outros.
- **Avaliações em computador:** por exemplo, testes e provas automatizados na tela do computador, que verificam as respostas dos alunos em relação ao gabarito programado.

❯❯ Ferramentas de avaliação na sala de aula

A avaliação na sala de aula se ocupa da avaliação e do aprimoramento do desempenho do aluno individualmente, sendo altamente contextualizada de acordo com a sua área específica e com as experiências educacionais dos alunos em salas de aula e oficinas específicas. Tutores e alunos obtêm *feedback* imediato e detalhado quanto à eficiência com que os alunos aprenderam a matéria.

Muitas ferramentas diferentes de avaliação estão à disposição dos tutores para uso na sala de aula ou oficina:

- Questionário
- Tema de casa
- Projetos
- Trabalho em laboratório
- Cenários laborais
- Testes e provas
- Apresentações (em grupo e/ou individuais)
- Revisões
- Cadernetas de reflexão
- Ensaios e redações
- Portfólios e portfólios eletrônicos (e-portfólios)

Cada método pode fornecer diferentes oportunidades de aprendizado e *feedback* aos alunos. Como tutor escolhendo dentre essas opções, você afere qual avaliação é mais apropriada para o propósito e o efeito que a avaliação poderá no aprendizado do estudante. Por exemplo, uma aula prática em um canteiro de obras, além de servir para que os alunos adquiram aprendizado prático, ajuda na avaliação da compreensão que eles têm sobre os princípios de alvenaria envolvidos na construção de uma parede.

Pode-se utilizar uma atividade escrita para avaliar as capacidades de os alunos escreverem textos ou pesquisarem para um trabalho, bem como para verificar seu conhecimento específico sobre algum tópico.

Tipos de avaliação

Avaliação inicial

É o processo de avaliar as necessidades, as capacidades, as aptidões, as preferências e o aprendizado prévio de cada aluno. Várias ferramentas *on-line* e em papel podem ajudar os tutores a coletar informações sobre o aprendizado deles a fim de planejar o método de ensino. A avaliação inicial é explorada em mais detalhes no Capítulo 5.

Avaliação diagnóstica

A avaliação diagnóstica visa aprimorar as experiências dos alunos e seu nível de rendimento. Ela avalia o que os alunos já sabem e a natureza das dificuldades (p. ex., dislexia) que possam ter e que, se não diagnosticadas, poderiam limitar seu envolvimento com o novo aprendizado. Ela costuma ser utilizada antes que o programa comece, sendo implantado um plano de aprendizado individual para resolver eventuais pontos de desenvolvimento.

Avaliação formativa

A avaliação formativa é uma parte integral do ensino e do aprendizado. Ela auxilia na aprendizagem ao prover *feedback* rápido durante todo o programa. Ela deve indicar o que está bom em um trabalho e por que está bom, bem como o que precisa ser desenvolvido e as estratégias que precisam ser implantadas para resolver isso.

Lembre-se de que o *feedback* formativo eficaz afeta o que os alunos e o tutor farão em seguida. Ele é um meio de intervir para otimizar o aprendizado ao mesmo tempo em que se motiva os alunos. No processo de desenvolvimento de compreensão profunda e raciocínio, metas de aprendizado claras e comunicação eficaz transferem a motivação de aprendizado para os estudantes. A aprendizagem se torna intrinsecamente motivadora.

Agora é a sua vez!

1. Avalie como os materiais do seu curso promovem uma avaliação eficaz.
2. Pense em como você utiliza a avaliação formativa para motivar seus alunos.

O que são mapas conceituais?

Mapas conceituais são ferramentas gráficas para organizar e representar conhecimento. Eles contêm conceitos, geralmente envolvidos por bolhas, círculos ou caixas de algum tipo, e relações entre os conceitos, indicadas por uma linha conectora ou seta que liga dois conceitos. Palavras sobre a linha ou seta, chamadas de palavras ou expressões de ligação, especificam a relação entre os dois conceitos.

Avaliação somativa

A avaliação somativa demonstra a extensão do sucesso do aluno na satisfação dos critérios de avaliação utilizados para medir os resultados do aprendizado pretendido de um módulo ou programa, contribuindo para a nota final dada para o módulo. Normalmente (embora nem sempre) é utilizada no fim de uma unidade de ensino. A avaliação somativa é utilizada para quantificar rendimento, recompensar rendimento e fornecer dados de seleção (para um estágio ou emprego). Por todas essas razões, a validade e a confiabilidade da avaliação somativa são de suma importância.

Recorde que o resultado de uma avaliação somativa pode ser utilizado formativamente quando os alunos recebem a correção e a utilizam para guiar seus esforços e atividades em cursos futuros.

» Avaliação referenciada por critérios

O rendimento de cada aluno é julgado em relação a critérios específicos. Em princípio, não se leva em conta o desempenho dos demais alunos. A confiabilidade e a validade devem ser asseguradas por meio de processos como garantia interna de qualidade, moderação e verificação, padronização e cotejo com exemplos da sua área específica. No Reino Unido, a maioria das qualificações vocacionais acreditadas inclui diversos critérios de avaliação. Eles podem ser de aprovação ou reprovação, quando o aluno precisa demonstrar um nível mínimo de competência, ou podem ser graduados, demonstrando uma gama de habilidades do aluno, por exemplo, Aprovado, Com Mérito ou Com Louvor.

» Avaliação ipsativa

É a avaliação medida em relação aos padrões anteriores do próprio aluno. Ela pode indicar se uma tarefa específica foi bem realizada em relação ao rendimento médio do próprio aluno, em relação ao seu melhor trabalho ou em relação ao seu trabalho mais recente. Avaliações *ipsativas* tendem a se correlacionar com esforço, promover atribuições de sucesso baseadas em esforço e otimizar a motivação para aprender.

» Agora é a sua vez!

Pense em uma matéria que você esteja lecionando.

1. Como esses métodos de avaliação se alinham aos resultados de aprendizado do curso?
2. Que tipo de *feedback* os alunos receberiam e como isso contribuiria para o progresso deles?
3. Quais habilidades funcionais e tecnologias dariam suporte a isso?

Os tutores têm a responsabilidade profissional perante os alunos de empregar práticas boas e atuais em todas as facetas do ensino e treinamento, incluindo a avaliação. Os tutores querem que seus alunos tenham êxito e realização, mas, para muitos, as metas de aprendizado e o conteúdo das avaliações continuam sendo vagos.

Lembre-se de que envolver os alunos em todo o processo de avaliação dá clareza e orientação ao ensino e aumenta a motivação dos alunos. Envolver os alunos na avaliação do trabalho próprio e alheio dá ao tutor mais *insights* sobre motivação e progresso, sendo uma fonte de dados preciosos para relatar a empregadores e pais.

❯❯ Dicas para avaliação eficaz

- Ofereça escolhas e ajude os alunos a assumir responsabilidade e a liderança de seu aprendizado.
- Converse com os alunos sobre o propósito do seu aprendizado e dê *feedback* que o ajude no processo de aprendizagem.
- Estimule os alunos a julgar seu trabalho segundo o quanto aprenderam e o progresso que fizeram.
- Facilite a compreensão dos alunos sobre os critérios utilizados para avaliar seu aprendizado.
- Desenvolva a compreensão dos alunos sobre as metas do que lhes está sendo ensinado; dê aos alunos *feedback* em relação a essas metas.
- Dê suporte para que os alunos entendam onde estão em relação às metas de aprendizagem e como fazer mais progresso.
- Ofereça *feedback* que facilite o conhecimento das próximas etapas por parte dos alunos e de como cumpri-las com êxito.
- Incentive os alunos a valorizar o esforço e uma série de conquistas.
- Incentive a colaboração entre os alunos e o respeito mútuo.

❯❯ O que você não precisa fazer

- Definir o currículo segundo o que será cobrando nas provas em detrimento do que não é cobrado.
- Fazer atividades frequentes de simulação e prática de provas.
- Ensinar como responder a perguntas específicas de provas.
- Permitir que a ansiedade diante de provas prejudique o desempenho de alguns alunos.
- Usar provas e avaliação para dizer aos alunos onde eles estão em relação aos outros.

- Dar *feedback* em relação às capacidades dos alunos, implicando uma visão fixa do potencial de cada aluno e diminuindo as aspirações.

- Comparar as notas dos alunos ou deixar que eles comparem as notas, conferindo *status* com base apenas no rendimento da prova.

- Isolar alunos do ciclo de aprendizado e ensino.

>> ESTUDO DE CASO

Julie é uma tutora de natação que trabalha para uma grande instituição particular de treinamento.

Pelo que me lembro, as qualificações de natação eram avaliadas de uma maneira majoritariamente acadêmica, com a utilização de provas. O componente avaliado externamente costumava ser de natureza técnica, com os alunos querendo se levantar no meio da sala de aula e demonstrar (o que lhes era proibido), porque a tarefa de descrever em palavras o que acontecia na água era um desafio para todos. A padronização da atribuição de notas e a coerência das provas em papel eram outro desafio, havendo muitos alunos que não iam bem porque, embora fossem competentes na água, não tinham um bom rendimento na prova em papel.

Grosseiramente falando, a natação possui um grande número de alunos disléxicos, e o estilo dominante de aprendizado e avaliação é o "fazedor"... Aquele que detesta ficar sentado revisando! Também, é claro, ser um bom tutor ou técnico envolve cerca de 5% de escrita e memória e 95% de ação à beira da piscina. Assim, a abordagem não estava relacionada ao trabalho, não otimizava habilidades de empregabilidade e não se traduzia integralmente em mais medalhas em campeonatos importantes.

Então, tudo mudou em 2010. Com o advento do Qualifications Credit Framework (QCF), o mundo da avaliação de natação foi modernizado. As provas desapareceram, sendo substituídas por avaliação por critérios na piscina, envolvendo planos de ensino práticos progressivos. A avaliação é holística, a fim de evitar duplicação e repetição, com o uso do reconhecimento do aprendizado prévio mostrando-se cada vez mais popular. Isso permite que os alunos façam uso proativo das suas experiências, documentando evidências de uma grande variedade de fontes. Dessa forma, especialistas da piscina, majoritariamente sem qualificações (frequentemente pais e ex-nadadores de competição) e com uma vida toda dedicada ao esporte, podem ser reconhecidos por sua *expertise*, de forma veloz e eficaz. São os aspectos práticos e vocacionais do ensino e aprendizado que devem ditar os métodos de avaliação, e não o contrário. É essencial alinhar o que você está ensinando com como você ensina e como você avalia, senão haverá um claro desencontro.

» *Feedforward*, e não *feedback*!

O poder do *feedback* é enfatizado na pesquisa como um dos papéis mais importantes do tutor (Hattie, 2012). Um *feedback* bom pode ser muito motivador, mas o *feedback* ruim pode ter o efeito oposto, reduzindo a confiança e ameaçando a autoestima. Em vez de empregar tempo e esforço demais revisando o passado e o que os alunos não sabem fazer, talvez seja mais útil avaliar e enfatizar o que os alunos sabem fazer e dar orientação e metas claras sobre como eles podem melhorar e fazer mais progresso.

A abordagem "WWW" (*What Went Well?* — O que deu certo?) muitas vezes é utilizada juntamente com a "EBI" (*Even Better If...* — Melhor ainda se...) por colegas de escolas para enfatizar o que os alunos precisam fazer para melhorar. Black e William (1999) defendem uma abordagem de "Medalha e Missão" ao *feedback*: dê aos seus alunos *feedback* sobre o que eles fizeram bem (a medalha) e orientação sobre como melhorar (a missão).

Tabela 7.2 » **Exemplos de abordagens WWW e EBI**

Feedback	*Feedforward*
A medalha (O que deu certo — "WWW")	A missão (Melhor ainda se... — "EBI")
Muito bem, Reena! Você encarou suas encenações de atendimento ao cliente com comprometimento e entusiasmo. Conseguiu demonstrar como satisfazer as necessidades de diferentes tipos de cliente de diferentes modos — ao telefone, presencialmente e por escrito. Você deu respostas claras e apropriadas ao cliente insatisfeito. Você demonstrou uma compreensão clara da necessidade de encaminhar algumas questões ao seu supervisor quando elas estão fora do seu controle. A sua estratégia de registrar os pontos principais da consulta de cada cliente funcionou de verdade, mas você precisa ter cuidado com a qualidade do seu texto escrito. Muito bom trabalho.	Você demonstrou conhecimento, habilidades e compreensão suficientes para obter um Aprovado nesta unidade. Para desafiar-se a atingir ainda mais, você deve: • Revisar a redação das suas respostas escritas a consultas de clientes, para que a sua ortografia e sua gramática sejam precisas e profissionais. Isso é muito importante quando se lida com o público geral. • Desenvolver a sua gama de habilidades de comunicação não verbal, para envolver seus clientes com melhor contato visual e não demonstrar uma linguagem corporal "fechada". O vídeo no ambiente virtual de aprendizagem talvez seja útil para delinear algumas estratégias a serem praticadas aqui.

❯❯ Reforço de uma "mentalidade de crescimento" por meio de *feedback*

A maneira como damos *feedback* e elogios pode reformar uma perspectiva de mentalidade fixa ou de crescimento em nossos alunos. Por exemplo, fazer elogios focados na pessoa, como "você é muito bom nessa tarefa", reforça que a capacidade do aluno é fixa. Se o desempenho dele na próxima tarefa não for tão bom, o que isso quer dizer, se sua capacidade é fixa? Isso pode levar a uma boa dose de pressão e à tentação de evitar erros e desafios para minimizar o risco de fracasso.

Em vez disso, tente fazer elogios orientados a processos, enfocando os níveis de esforço, envolvimento, abordagem e motivação do aluno. Por exemplo, "o modo como você abordou a tarefa em grupo foi eficiente e produtivo, levando a ótimos resultados". Essa abordagem ajuda os alunos a fazer conexões entre sua abordagem ao aprendizado e seu nível de progresso e rendimento, dando-lhes a confiança e as habilidades para abordar situações, tarefas e projetos novos e mais desafiadores.

Alunos que desenvolverem uma mentalidade de crescimento estarão mais bem preparados para lidar com erros. Eles verão um equívoco como uma primeira tentativa de aprender, e não como um reflexo do seu nível de inteligência. Com a autoestima intacta, os alunos com mentalidade de crescimento serão mais tenazes para superar desafios e buscar problemas para resolver.

❯❯ Agora é a sua vez!

1. Considere uma atividade recente que você tenha feito com seus alunos ou o *feedback* que você tenha fornecido sobre um trabalho avaliado. Quais elogios e *feedback* você proporcionou? Foi orientado a pessoas ou a processos?

2. Identifique três maneiras como você poderia moldar seu *feedback* aos alunos para dar suporte a uma abordagem de mentalidade de crescimento.

» Questionamento

O desenvolvimento de sólidas habilidades de questionamento deve ser uma meta-chave para qualquer tutor vocacional. O questionamento pode ser uma maneira muito eficaz de obter uma estratégia de avaliação diferenciada e personalizada, exigindo um mínimo de preparação.

Podem ser utilizados diversos tipos de perguntas, incluindo:

- abertas;
- fechadas;
- gerais;
- direcionadas;
- de sondagem;
- diferenciadas;
- escritas ou orais;
- questionamento de colegas.

Perguntas abertas normalmente são mais eficazes para extrair os pensamentos, percepções, compreensão e opiniões dos alunos do que perguntas fechadas, que propiciam uma resposta específica, definida ou limitada.

» Agora é a sua vez!

Como você pode desenvolver mais a sua técnica de questionamento? Você diferencia a sua abordagem de questionamento para dar a cada aluno o nível "ideal" de desafio?

» A proposta de trabalho

Em muitas qualificações laborais, os tutores são estimulados a elaborar e planejar sua própria ferramenta de avaliação, frequentemente chamada de "proposta de trabalho". A proposta oferece uma ligação entre o que os alunos devem fazer (os critérios de avaliação) e como eles deverão demonstrar seu nível de conhecimento, compreensão e habilidades para satisfazer as demandas de cada critério.

Normalmente, boas propostas de trabalho devem:

- informar tarefas claras, que permitam que os alunos apresentem evidências autênticas para cumprir os critérios de avaliação;
- dar aos alunos orientação clara sobre o que eles têm de fazer;
- informar o tempo disponível para concluir as tarefas da avaliação;
- apresentar um cenário vocacional para contextualizar as tarefas em um setor ou indústria específico;
- possibilitar que os alunos gerem evidências em uma variedade de formatos diferentes que vão ao encontro dos seus estilos e preferências (quando apropriado) – por exemplo, relatórios, pôsteres, *sites*, apresentações e evidência multimídia.

Agora é a sua vez!

Examine o exemplo de proposta de trabalho da Figura 7.1. Avalie as vantagens e desvantagens da sua concepção. O que você faria diferente ao conceber a sua própria ferramenta de avaliação somativa?

Vocationally Related Qualification (VRQ) de Nível 2 em Viagem e Turismo

Unidade 4: Atendimento ao cliente – Trabalho 1

Data de proposta:

Prazo intermediário:

Prazo final:

Cenário

Beacon Hotel
★★★

Hotéis atraem uma variedade de tipos de clientes, incluindo visitantes nacionais e internacionais, hóspedes em viagem de lazer e a trabalho e pessoas com necessidades específicas e especiais. É de suma importância que todos os hóspedes recebam um atendimento excelente durante toda a sua estadia. Muitos hotéis utilizam diversos funcionários temporários, em turno integral e em meio turno, sendo importante que todos os membros da equipe sejam devidamente treinados para prestar um atendimento de alto nível ao cliente.

Pede-se que você realize algumas atividades relacionadas à importância e à entrega de atendimento ao cliente em um hotel, repassando e refletindo sobre o seu próprio desempenho e identificando oportunidades de melhoria.

(Continua)

Figura 7.1 Exemplo de proposta de trabalho vocacional.

(Continuação)

Tarefa 1

A equipe que trabalha em organizações de viagem e turismo precisa saber o que é atendimento ao cliente, por que ele é tão importante para todos os negócios de viagem e turismo e o impacto que a legislação e os controles têm sobre a entrega de atendimento ao cliente.

Pede-se que você crie um recurso de informações para novos funcionários recrutados para trabalhar em um hotel local de três estrelas – o Beacon Hotel.

O recurso deve:

- Descrever como as necessidades diversas de clientes diferentes são **identificadas** e **satisfeitas**.
- Descrever os diferentes métodos e mídias utilizados para a comunicação eficaz com clientes **internos** e **externos**.
- Descrever o impacto da **apresentação pessoal** sobre a **percepção** do cliente sobre o setor de viagem e turismo.
- Explicar o impacto que o atendimento **excelente** e **péssimo** ao cliente tem sobre o sucesso comercial.
- Explicar o impacto da **legislação** principal sobre a entrega de atendimento a clientes internos e externos, usando exemplos apropriados para embasar e ilustrar a sua explicação.

O seu recurso de informação pode ser, por exemplo, um livreto de integração, um vídeo de treinamento ou um *podcast* de atendimento ao cliente para os novos funcionários. Você pode optar por utilizar mais de um método de apresentação das suas informações. O seu tutor lhe dará mais orientações sobre o melhor método de apresentação.

Tarefa 2

O gerente geral do hotel gostaria que um funcionário novo o observasse enquanto você se comunica de maneira eficiente com clientes. Após participar de diversos cenários diferentes de encenação prática, o seu tutor assumirá o papel do novo funcionário e observará formalmente a sua participação em uma situação selecionada de atendimento ao cliente. Você deve demonstrar a sua capacidade de:

- identificar e responder a diversas necessidades dos clientes;
- usar diferentes métodos e mídias de comunicação;
- observar padrões, leis e controles de atendimento ao cliente.

Figura 7.1 Exemplo de proposta de trabalho vocacional.

O seu tutor elaborará um Registro de Observação sobre o seu desempenho.

É importante que quem presta serviços de atendimento ao cliente no setor de viagem e turismo examine e avalie seu próprio desempenho para conseguir identificar melhorias para o futuro.

Dando seguimento às suas situações práticas e formais de encenação de atendimento ao cliente, agora se pede que você:

- examine e avalie o seu desempenho na entrega de satisfação com atendimento ao cliente conforme padrões convencionados;
- proponha soluções de melhoria da experiência do cliente que possam beneficiar os outros, além de a si mesmo.

A sua revisão de desempenho pode ser na forma de relatório escrito, anotações ou diário em vídeo, ou uma combinação de métodos. O seu tutor lhe dará mais orientações sobre o melhor modo de apresentar as suas evidências.

Figura 7.1 Exemplo de proposta de trabalho vocacional.

>> ESTUDO DE CASO

Catherine é professora de estudos de negócios em uma instituição de FE.

Eu sou uma bem-sucedida professora de negócios e líder de equipes de estudo. Leciono em diversos cursos diurnos e noturnos em turno integral e meio turno, dando aula a alunos do Nível 1 até a graduação, incluindo cursinhos de empregabilidade. Tenho 17 anos de experiência no campo do varejo e em aprendizado e desenvolvimento. Possuo uma enorme experiência no treinamento e desenvolvimento de pessoas em um grande espectro de idades e com variadas histórias e experiências. Isso incluiu *coaching* individual, aula para grupos, apresentações para o grande público e elaboração e desenvolvimento de currículos de aprendizado laboral.

Eu exploro essa experiência para otimizar a aprendizagem dos meus alunos. Os alunos de negócios muitas vezes me dizem: "Eu só quero arranjar um emprego bom, e este curso pode me ajudar nisso". Essas palavras estão no cerne de tudo que eu faço. Sinto que tenho a responsabilidade de prepará-los para a vida profissional. Não importa qual rota eles tomem: há habilidades (ou, como se diria no mundo dos negócios, "competências") que os alunos precisarão desenvolver não apenas para conseguir esse emprego em negócios, mas para seguir para uma carreira de sucesso.

(Continua)

(Continuação)

Em vez de tarefas descritivas que sigam o critério "descrever", "explicar" e "comparar", eu crio trabalhos que exigem que os alunos realizem atividades que comprovem que esses critérios foram atingidos – por exemplo, elaborar um prospecto para novas pequenas negócios sobre os fatores financeiros a considerar quando se monta um negócio. Os empresas precisam pesquisar todos os fatores, identificar aqueles relevantes para uma pequena empresa e, então, compreendê-los o suficiente para dar uma descrição sintética. Colocar as coisas em um prospecto pode ser mais difícil do que simplesmente descrevê-las!

Essa abordagem permite que você percorra diversos níveis da taxonomia de Bloom. Ela minimiza a extensa redação descritiva que cansa os alunos. O tempo e o esforço estão na jornada para produzir o trabalho, e não necessariamente o trabalho final. Isso ajuda a desenvolver as habilidades mais específicas que equipam melhor o aluno para o mundo real do trabalho.

Seguidamente, os alunos são desafiados por essa abordagem. Às vezes, eles ficam desconfortáveis, mas descobri que, no fim do curso, eles desenvolvem mais responsabilidade por seu aprendizado ao operar em um ambiente semelhante à vida real de trabalho. Cada vez mais órgãos examinadores apoiam abordagens diferentes de avaliação. Cadernetas de reflexão, observações, evidência em vídeo: todas elas são ativamente incentivadas.

Com mais criatividade sendo admitida não apenas na avaliação, mas também no projeto do currículo, nós, como os instrumentos do aprendizado, temos a responsabilidade de aproveitar as oportunidades à nossa frente para enriquecer o ensino vocacional. Isso pode ser um desafio para os tutores. Restrições de tempo, administração e culturas organizacionais podem ser desafiadoras. Contudo, eu aceito o desafio. Os tutores de negócios também precisam recorrer a diversas habilidades para desenvolver alunos com essas habilidades específicas. Precisamos ser empreendedores a fim de criar empreendedores. Afinal, trabalhar em um ambiente ambíguo e, às vezes, não saber o que vem pela frente são desafios da vida real que desenvolvem não só o aluno, mas também o tutor!

>> Agora é a sua vez!

Após ler o estudo de caso de Catherine, considere os trabalhos que você prepara e como as habilidades necessárias para o sucesso relacionam-se com as habilidades necessárias na indústria.

» Escolha das ferramentas corretas de avaliação

Ao realizar as suas avaliações, é importante que você conheça as ferramentas disponíveis. As suas ferramentas de avaliação dão forma ao método de avaliação que você escolheu. Assim, elas devem ser adequadas ao propósito. Você precisa considerar minuciosamente qual ferramenta é necessária para dar o suporte mais significativo e eficaz ao seu método de avaliação escolhido. Como identificado no Capítulo 5, ao elaborar a sua ferramenta, você também deve estar ciente e levar em conta a linguagem, o nível de letramento e habilidades com números dos alunos e os requisitos das unidades de competência.

» Como garantir que você se sinta confiante para utilizar as ferramentas?

- Tenha clareza sobre os requisitos obrigatórios dos trabalhos.
- Aplique a sua compreensão das competências especificadas para escolher métodos de avaliação adequados.
- Empregue tempo para criar ferramentas de avaliação significativas – isso pode ser feito junto com colegas e alunos.
- Teste as suas ferramentas para ajudá-lo a desenvolver plenamente a sua confiança em que elas podem ser usadas de maneira significativa e flexível e lhe dar suporte para emitir juízos válidos, confiáveis e justos.

» Planejamento da avaliação

É frequentemente útil (e, às vezes, exigido) elaborar um plano de avaliação que delineie como os resultados de aprendizado e os critérios de avaliação de um programa de estudo específico serão atingidos dentro do tempo disponível. Um modelo de plano de avaliação (veja o Apêndice 2) pode ajudar as equipes dos cursos a identificar como e quando as unidades e os módulos individuais serão avaliados, incluindo:

- Data de proposta do trabalho – quando o trabalho é dado aos alunos.
- Prazo intermediário de entrega e realização de *feedback* formativo.
- Prazo final de entrega e realização de *feedback* formativo.
- Datas de verificação interna das decisões de avaliação.

Agora é a sua vez!

Use o modelo de plano de avaliação do Apêndice 2 para ajudá-lo a pensar em como e quando você avaliará um programa de estudo em particular.

LEITURAS COMPLEMENTARES

Bloxham, S e Boyd, P (2007) Developing Effective Assessment in Higher Education: A Practical Guide. Berkshire: Open University Press.
Duckworth, V e White, C (2009) On the Job: Car Mechanic Tutor Resources CD-Rom. Warrington: Gatehouse Media Limited.
Dweck, C (2012) Mindset: How You Can Fulfil Your Potential. Londres: Robinson Publishing.
Gravells, A (2012) Preparing to Teach in the Lifelong Learning Sector. Londres: Learning Matters/SAGE.
Ofqual (2009) Authenticity – A Guide for Teachers. Coventry: Ofqual.
Petty, G (2009) Teaching Today: A Practical Guide (Fourth Edition). Nelson Thornes.
Scales, P (2013) Teaching in the Lifelong Learning Sector. Maidenhead: Open University Press.
Tummons, J (2011) Assessing Learning in the Lifelong Learning Sector (Third Edition). Londres: Learning Matters/SAGE.
Wood, J e Dickinson, J (2001) Quality Assurance and Evaluation in the Lifelong Learning Sector. Exeter: Learning Matters.

SITES

Joint Council of Qualifications (JCQ): www.jcq.org.uk
Ofqual: www.ofqual.gov.uk

REFERÊNCIAS

Black, P e Wiliam, D (1999) *Assessment for Learning: Beyond the Black Box*. Cambridge: University of Cambridge School of Education.
Hattie, J. (2012) *Visible Learning for Teachers, Maximising Impact on Learning*. Oxford: Routledge.
Wolf, A (2011) *Review of Vocational Education – The Wolf Report*. Londres: The Stationery Office.

capítulo 8

Observando o aprendizado vocacional

No Reino Unido, muitas qualificações vocacionais buscam desenvolver as competências funcionais dos alunos em um dado setor ou indústria, visto que o foco é prepará-los para a prática profissional. É costume, portanto, que muito da avaliação (tanto formativa quanto somativa) baseie-se em uma análise das habilidades práticas dos alunos. Tendo explorado os princípios centrais da avaliação no Capítulo 7, este capítulo explora questões concernentes ao registro das trajetórias educacional e profissional do aluno.

Objetivos de aprendizagem

» Desenvolver portfólios eletrônicos e registros das trajetórias educacional e profissional do aluno.

» Usar aplicativos *on-line* para armazenar e registrar a trajetória educacional do aluno.

» Reconhecer a importância de registros autênticos e confiáveis.

» Identificar plágio e más práticas.

» Avaliar registros de observação e depoimentos de testemunhas.

Registros das habilidades dos alunos podem ser feitos:

- por meio de gravações multimídia, como áudio e vídeo;
- por meio da confirmação das habilidades do aluno por parte de um avaliador, documentada em registros de observação;
- por meio do depoimento especializado de um empregador sobre as competências e habilidades do aluno;
- por meio das reflexões e avaliações do aluno sobre suas próprias habilidades e competências.

No Reino Unido, geralmente se exigem várias formas diferentes de evidência para comprovar que todos os critérios de avaliação necessários foram satisfeitos, tendo o aluno que demonstrar o nível requerido de conhecimento, compreensão e habilidades para comprovar seu preparo.

Essas evidências frequentemente são armazenadas na forma de um portfólio, portfólio eletrônico (e-Portfólio) ou registros de desenvolvimento profissional.

» Portfólios e registros de desenvolvimento profissional

Na instituição de ensino ou em um estágio, seus alunos podem tentar capturar, registrar e refletir sobre seu progresso por meio de um registro de desenvolvimento pessoal (*personal development records* – PDR). O registro pode ajudá-los a monitorar e registrar seu progresso e desenvolver suas habilidades de aprendizagem independente. O PDR também pode incluir outras realizações de aprendizado, tanto no curso da sua área específica quanto em atividades relacionada a ela, como trabalhos que contemplam teoria e prática, e demonstrações práticas de competência em habilidades. O registro de desenvolvimento pessoal muitas vezes é elaborado e apresentado como um portfólio, que pode ser em papel, eletrônico ou *on-line*.

Portfólios em papel não necessitam de equipamentos de TI ou habilidade digital, mas a quantidade de evidência e controle necessária em muitos programas vocacionais pode levar a portfólios muito abrangentes, difíceis de administrar. As evidências também são preciosas, com muitas horas de esforço e trabalho duro sendo utilizadas na sua compilação. Se o portfólio for extraviado ou roubado, isso pode ter sérias consequências durante muitos meses ou mesmo anos de estudo.

Portfólios

Para muitos alunos e tutores, o desenvolvimento de portfólios *on-line* ou eletrônicos (e-Portfólios) pode ser uma maneira mais prática de coletar, reunir, administrar e compartilhar registros de avaliação. Muitos portfólios eletrônicos são produtos comerciais, que podem ser comprados por seu empregador ou organização. Outras opções incluem o uso de ferramentas gratuitas da Web (ou na nuvem), disponíveis na Internet.

Ao contrário do portfólio em papel, os alunos podem facilmente fazer *upload* e integrar qualificações multimídia, como material de vídeo e áudio, em um e-Portfólio. Podem ser inseridos *hyperlinks* para outros recursos também *on-line*, como *blogs* e vídeos do YouTube. Portfólios *on-line* possibilitam que os registros sejam estruturados, organizados e mapeados de acordo com tópicos, módulos e critérios de avaliação específicos. Isso pode ajudar os alunos a desenvolver habilidades organizacionais, assumir o controle do seu aprendizado e monitorar seu progresso e sua avaliação.

Muitos portfólios eletrônicos proveem um modelo estruturado de apresentação e organização das qualificações do aluno, mapeado conforme critérios específicos de avaliação. Sempre vale a pena checar qual é a sua política organizacional sobre registro da trajetória do aluno, proteção de dados, uso de ferramentas eletrônicas e questões de segurança e armazenamento.

Nós identificamos (Ingle and Duckworth, 2013) diversos aplicativos livremente disponibilizados pelo Google que estão se tornando uma maneira cada vez mais popular de elaborar, manter e otimizar e-Portfólios. Alguns deles são:

- Google Sites: para a apresentação de conteúdo da Web, incluindo recursos ricos em mídia, como um portfólio eletrônico.
- Google Calendar: para organizar, compartilhar e monitorar eventos e compromissos.
- Google Talk: para chamadas *on-line* ou envio de mensagens instantâneas.
- Google Drive: permite que alunos e profissionais criem, compartilhem e armazenem documentos, planilhas e apresentações. O Google Drive também facilita a colaboração em tempo real para que vários alunos possam trabalhar juntos na criação de documentos.
- Google Groups: para criar espaços gerenciáveis a fim de manter documentos relacionados, conteúdo da Web e outras informações em um só lugar.
- Google Video para educação: hospedagem e compartilhamento de vídeos.

Outras ferramentas populares para armazenamento e apresentação de informações, materiais e recursos incluem Drop Box (www.dropbox) e Evernote (www.evernote.com), nos quais os usuários podem fazer *upload* de seus arquivos para armazenamento *on-line* seguro. Alunos e tutores podem compartilhar documentos (como trabalhos) entre si. Também existem aplicativos móveis para fazer *upload* e compartilhar documentos.

Qualquer que seja o método de registro e armazenamento utilizado, as informações registradas e armazenadas em portfólios devem ser autênticas, válidas e confiáveis.

» Informações autênticas

No Reino Unido, as informações nos portfólios de registro de desenvolvimento profissional dos alunos devem dizer respeito ao trabalho que concluíram ou, então, a relatos sobre eles feitos por outras pessoas – por exemplo, seu supervisor, coordenador ou gerente no local de trabalho. Para elevar o nível de autenticidade, os portfólios podem incluir fotografias das habilidades sendo demonstradas. Também devem constar declarações de autenticidade assinadas pelo aluno, confirmando que a evidência que está apresentando é original e do seu próprio trabalho. Para a maioria das qualificações, esse é um requisito específico, devendo ser preenchido para que a evidência seja tomada como válida.

» Informações confiáveis

As informações devem representar o padrão consistente do trabalho. Elas também devem ser confiáveis, ou seja, compostas por relatos de pessoas honestas, imparciais e objetivas. Utilizar testemunhos de colegas de trabalho do aluno ou de pessoas sem a qualificação ou experiência adequada na área vocacional geralmente não é considerada uma forma confiável de informação.

» Plágio e más práticas

O Joint Council for Qualifications (JCQ, 2012) define plágio como deixar de apontar fontes corretamente e/ou apresentar o trabalho de outras pessoas como se fosse seu.

Para a maioria dos alunos, isso significa copiar material da Internet ou de livros-texto sem citar a obra, ou copiar de colegas. Embora casos de plágio sejam possíveis em todas as formas de avaliação, o uso de trabalhos durante o curso e portfólios dão mais oportunidades para os alunos apresentarem informações inautênticas de conhecimento, habilidades e compreensão.

Muitas instituições de ensino superior estão utilizando sofisticados *software* de detecção de plágio, como o Turnitin (www.turnitin.com), para impedir que os alunos apresentem textos de fontes *on-line* ou copiados de colegas.

Para tentar contornar a tecnologia, alguns alunos passaram a "encomendar" textos escritos por terceiros. Como o texto não foi copiado diretamente de fontes existentes, os *software* de detecção são incapazes de identificar o plágio. Os tutores devem ficar atentos a essas práticas e garantir que as propostas de trabalho e ferramentas de avaliação sejam elaboradas com cuidado, incluindo tarefas e atividades difíceis de encomendar de outros. Essas tarefas podem incluir apresentações individuais, trabalhar com clientes reais em uma atividade de projeto estendida e outras tarefas práticas que exijam uma observação direta da prática.

O Joint Council of Qualifications (JCQ, 2012: 3) define má prática (o que inclui má administração) como qualquer ato, omissão ou prática que:

- comprometa, tente comprometer ou possa comprometer o processo de avaliação, a integridade de qualquer qualificação ou a validade de um resultado ou certificado; e/ou
- torne vulnerável a autoridade, reputação ou credibilidade do órgão ou centro concedente ou da autoridade, funcionário ou agente de um órgão ou centro concedente.

A má prática pode ser cometida por tutores e alunos, abrangendo diversas questões, incluindo:

- Plágio
- Violação de segurança
- Fraude
- Má assistência aos candidatos
- Má administração
- Conluio
- Falsa declaração de autenticidade

Agora é a sua vez!

A maioria das organizações possui políticas e procedimentos claros implantados para lidar com casos de suspeita de má prática e plágio. Descubra qual é o procedimento da sua organização e quais são as suas responsabilidades.

≫ Criação de um diário de aprendizado

É no diário de aprendizado que os alunos podem registrar suas impressões acerca do seu aprendizado, suas expectativas e apreensões. Ele tende a ser um registro do seu pensamento atual, em oposição a uma reflexão posterior.

O diário de aprendizado pode incluir indicações de perguntas que você quer que seus alunos abordem, por exemplo:

- O que é significativo na lição?
- O que poderia ter sido tratado de forma diferente?
- O que você aprendeu?

Muitos alunos talvez prefiram manter seus diários de aprendizado *on-line* ou em meios eletrônicos. *Blogs* podem representar um modo conveniente e acessível de os alunos documentarem suas experiências de aprendizado em andamento.

≫ Registro de habilidades práticas

No Reino Unido, muitas qualificações vocacionais exigem que os alunos demonstrem um dado nível e padrão de habilidades e competências. Elas frequentemente são avaliadas por meio de observação direta pelo tutor ou por um avaliador especial, por meio de atividades práticas simuladas ou reais. Isso pode incluir a avaliação de:

- um aluno de cabeleireiro que faz um corte específico em um cliente de um salão comercial;
- um estudante de hotelaria que serve jantares no restaurante de treinamento da instituição de ensino;
- um aluno da área da saúde que presta assistência domiciliar a pacientes idosos;
- uma aluna de eventos que decora um salão para uma ocasião especial;
- um aluno de viagem e turismo que realiza uma demonstração de segurança em uma cabine simulada de aeronave;

- um aluno de administração de empresas que escaneia documentos confidenciais em um movimentado ambiente de escritório.

Podem-se coletar diversas evidências a fim de fundamentar um juízo de avaliação sobre a competência e capacitação do aluno para cumprir esses deveres de acordo com os critérios de avaliação e os padrões ocupacionais nacionais. As evidências podem incluir:

- Fotografias
- Vídeos
- Debates profissionais
- Reflexões
- Registros de observação
- Depoimentos de especialistas

Em vez de se fiar em apenas uma evidência, fornecer diversas evidências para confirmar as habilidades do aluno dá melhor suporte a um juízo de avaliação válido e confiável.

» Registros de observação e depoimentos

No Reino Unido, costuma-se utilizar um registro formal do juízo de avaliação baseado no desempenho do aluno. O registro de observação, como é chamado, normalmente é elaborado pelo tutor do aluno. O registro deve:

- registrar comentários claros e detalhados do avaliador;
- usar como referência os critérios específicos sendo avaliados, encontrados na ementa da qualificação relevante;
- ser específico para o aluno individual;
- ter detalhes suficientes para permitir que os outros formem um juízo a respeito da qualidade e se há evidência suficiente de desempenho;
- confirmar que os padrões nacionais foram atingidos (se apropriado);
- ser acompanhado por evidência adicional/de suporte, como anotações de apresentação, fotografias, diário de aprendizado;
- ser assinado e datado pelo avaliador e pelo aluno.

Um depoimento de testemunha geralmente é elaborado por um terceiro que não o tutor ou avaliador da qualificação e que seja capaz de emitir um juízo profissional sobre o desempenho do aluno na situação dada.

A testemunha pode ser um supervisor do aluno no trabalho ou estágio, um técnico, um assistente de suporte ao aprendizado ou um gerente. A testemunha precisa ter visto o aluno demonstrando seu desempenho em relação aos critérios específicos sendo avaliados e receber orientações claras sobre as características desejáveis necessárias para que o aluno tenha sucesso no desempenho da sua habilidade.

Um registro de observação tem mais validade do que um depoimento de testemunha, pois registra diretamente uma decisão de avaliação. Um depoimento de testemunha não pode conferir uma decisão de avaliação, pois a testemunha não é um tutor ou avaliador treinado. Depoimentos de testemunhas aportam evidências de apoio a respeito das habilidades e do desempenho dos alunos, mas não devem ser a única ou a principal fonte de evidência de avaliação.

Ética e evidências

As informações do registro também podem ter a forma de fotografias ou vídeos. O vídeo digital e os *software* de edição utilizados para criá-los e editá-los estão se tornando cada vez mais acessíveis aos professores. No entanto, existem questões éticas envolvidas. É importante, portanto, que o aluno assine um termo de consentimento livre e esclarecido, que, no caso de menores, deve ser assinado pelos pais ou responsáveis.

Registro de observação

Qualificação: VRQ Hotelaria   **Número do centro:** X123456

Número e título da unidade: A Experiência do Cliente

Local da observação: Sala de treinamento

Matrícula do aluno: 000123555

Data: 2 de novembro

Nome do aluno: *Reena Padayachee*

Assinatura do aluno: *Reena*

Descrição da atividade realizada

A aluna é levada a um cenário de encenação. O tutor representou o empresário.

Cenário: *Você é recepcionista em um hotel e restaurante de sucesso. Você recém fez o check-in de um cliente (um empresário) que fez uma longa viagem. O empresário está zangado, dizendo que o quarto está frio e sujo.*

A aluna escreveu um roteiro como preparação de como se esperava que a conversa se desenvolvesse. A aluna praticou variações do roteiro com amigos e parentes. A aluna se prontificou a incorporar à encenação padrões convencionados para lidar com reclamações, o que foi facilitado pelo uso do roteiro como preparação.

Descreva como o aluno satisfez cada critério e os aspectos qualitativos do seu desempenho

Critério 01: Durante toda a encenação, a atitude de Reena foi amistosa, simpática e prestativa. Reena rapidamente constatou em que consistia a reclamação e assegurou ao cliente que faria o seu melhor para resolver o problema. Quando o cliente reclamou que estava perdendo seu tempo, Reena trocou de plano e ofereceu-lhe um *upgrade* imediato, o que ele aceitou. Reena identificou e respondeu adequadamente às necessidades do cliente (Mérito 1).

Critério 02: Reena cumprimentou o cliente de maneira profissional, aproximando-se da recepção com gestos amplos e sorrindo. Reena havia se preparado para a encenação vestindo um elegante *tailleur*, para criar a impressão certa. Ela ouviu o cliente e manteve a calma, apesar da tensão. Enquanto a encenação transcorria, Reena mantinha o cliente regularmente informado sobre o progresso. Ela demonstrou uso apropriado de diferentes métodos de comunicação – verbal e não verbal. Muito bem! (Mérito 2).

Critério 03: A reclamação do cliente foi tratada com eficácia e rapidez. Reena utilizou padrões convencionados para lidar com uma reclamação de forma eficiente (p. ex., ela conhecera a política de reclamações em uma visita a um grande hotel da região, usando esse modelo na encenação). A reclamação foi tratada internamente a contento do cliente, de forma que não foi necessário o envolvimento de advogados e legislação pertinente nessa ocasião. Reena cumpriu os padrões e controles de atendimento ao cliente de maneira eficaz (Mérito 3).

Em geral, Reena, você demonstrou suas habilidades em satisfazer todos os critérios conforme os padrões do Reino Unido. Eu fiquei muito impressionado pelo profissionalismo com que você abordou o cenário – muito bom trabalho.

Assinatura do avaliador:

Assinatura do aluno:

Data:

Figura 8.1 Exemplo de registro de observação de habilidades.

Depoimento de testemunha			
Nome do aluno:			
Qualificação:			
Número e título da unidade:			
Descrição da atividade realizada *(incluindo onde, quando e como)*			
Critérios de avaliação comprovados pela atividade *(liste os critérios específicos, se conhecidos)*			
Julgue como a atividade cumpre os requisitos dos critérios de avaliação (*qualidade do desempenho*)			
Nome e cargo da testemunha:			
Assinatura da testemunha:		Data:	
Nome do aluno:			
Assinatura do aluno:		Data:	
Nome do avaliador:			
Assinatura do avaliador:		Data:	

Figura 8.2 Exemplo de depoimento de testemunha *pro forma*.

>> ESTUDO DE CASO

Claire é tutora de educação maternal em uma instituição particular de treinamento.

Para garantir a manutenção dos padrões, a instituição de treinamento para a qual trabalho tem uma estrutura interna e externa de profissionais com a qual se comunica para suporte, monitoramento e coleta de dados, a fim de verificar se o registro de avaliação é válido e confiável e se a evidência do aluno é autêntica – isto é, criada por ele. O processo de qualidade cumpre os requisitos da organização concedente e do regulamentador (Ofqual).

A política e o procedimento de garantia da qualidade da minha organização identificam e estipulam o requisito de que todos os membros da equipe devem cumprir a nova qualificação Training Assessment and Quality Assurance e se manter atualizados a respeito.

Também precisamos demonstrar que compreendemos os padrões ocupacionais nacionais, os processos do órgão concedente e mantemos registros precisos de garantia interna da qualidade. Como parte do desenvolvimento profissional contínuo, deve-se documentar o cumprimento desses requisitos.

O código de prática profissional do Institute for Learning (IfL) reflete em todas as políticas e estratégias de garantia interna da qualidade.

Os portfólios dos alunos são verificados e "amostrados" em diversos estágios ao longo do curso. Isso serve para checar se os tutores e avaliadores estão apresentando avaliações válidas, confiáveis e justas sobre o trabalho dos alunos. O resultado dessas verificações melhora a prática para o futuro e permite que os tutores compartilhem boas práticas e desenvolvam novas ideias e estratégias. Por exemplo, eu utilizei o relatório de garantia interna da qualidade para desenvolver uma atividade em grupo de ensino e avaliação de desenvolvimento infantil, utilizando uma câmera digital para fotografar o trabalho dos alunos como evidência para seus portfólios.

A amostragem dos portfólios dos alunos é realizada em momentos intermitentes ao longo do ano, sendo registrada pelo Coordenador de Garantia da Qualidade em um formulário de relatório que o verificador externo de padrões fiscaliza.

O meu empregador se orgulha de se manter a par das mudanças no setor de FE e Habilidades. Hoje, todos os avaliadores obtiveram seus graus TAQA, o que ajuda a garantir que a prática da equipe se conserve atualizada e dentro das novas diretrizes de avaliação dos conhecimentos e competências dos alunos.

>> Agora é a sua vez!

No estudo de caso anterior, Claire identifica diversos fatores diferentes envolvidos na garantia da qualidade e da autenticidade de evidência de avaliação vocacional. Como você garante que a evidência dos seus alunos seja válida, confiável e autêntica? Quem está encarregado do processo interno de garantia de qualidade na sua organização e que papel você desempenha no ciclo de qualidade?

LEITURAS COMPLEMENTARES

Gravells, A (2012) *Preparing to Teach in the Lifelong Learning Sector*. Londres: Learning Matters/SAGE.
Ingle, S e Duckworth, V (2013) *Enhancing Learning through Technology in Lifelong Learning: Fresh Ideas; Innovative Strategies*. Maidenhead: Open University Press.
Ofqual (2009) *Authenticity – A Guide for Teachers*. Coventry: Ofqual.
Tummons, J (2011) *Assessing Learning in the Lifelong Learning Sector* (Third Edition). Londres: Learning Matters/SAGE.
Wood, J e Dickinson, J (2001) *Quality Assurance and Evaluation in the Lifelong Learning Sector*. Exeter: Learning Matters.

SITES

DropBox: www.dropbox.com
Evernote: www.evernote.com
Google Drive: www.google.com/drive
Joint Council of Qualifications (JCQ): www.jcq.org.uk
Ofqual: www.ofqual.gov.uk
PebblePad: www.pebblepad.com

REFERÊNCIAS

Ingle, S e Duckworth, V (2013) *Enhancing Learning through Technology in Lifelong Learning: Fresh Ideas; Innovative Strategies*. Maidenhead: Open University Press.
JCQ (Joint Council for Qualifications) (2012) *General and Vocational Qualifications Suspected Malpractice in Examinations and Assessments: Policies and Procedures*. Londres: Joint Council for Qualifications.

capítulo 9

A voz do profissional prático

Neste capítulo, reunimos todos os temas abordados nos capítulos anteriores e os apresentamos na forma de estudos de caso de profissionais de excelência, tanto novatos quanto experientes, da educação vocacional. Esses profissionais dão dicas preciosas sobre a educação vocacional e contam sobre estratégias que utilizam para moldar ricas experiências de aprendizagem experiencial. Nós o convidamos a se envolver com as histórias deles e a pensar no que você poderia tirar de cada uma delas.

Objetivo de aprendizagem

>> Desenvolver boas práticas no setor de FE e Habilidades.

Em cada capítulo, esmiuçamos e exploramos diferentes aspectos da educação vocacional dentro do contexto do setor de FE e Habilidades. Esperamos que os capítulos o tenham feito refletir e o ajudem a repensar e aperfeiçoar sua prática. Nós apoiamos muito programas vocacionais de excelência, que ofereçam a todos os alunos futuros melhores.

Por meio dos estudos de caso a seguir, convidamos você a refletir sobre cada capítulo deste livro e a pensar sobre seus próximos passos como professor da educação vocacional. Esperamos que eles o inspirem a promover mudanças no setor da educação vocacional do seu país, a começar pelos seus alunos, incentivando-os a cultivar uma mentalidade de crescimento e promovendo experiências de aprendizado inclusivas, desafiadoras e envolventes.

>> ESTUDO DE CASO

Érica é tutora *trainee* de Assistência Médica e Social e trabalha no setor de FE e treinamento.

A minha história na educação vocacional começou como consultora de hipotecas em um banco. Uma parte central da minha função era treinar colegas. Nessa época, meus pontos fortes em suporte e realização de sessões de treinamento informativas e motivadoras foram repetidamente identificados. Embora gostasse da minha função, eu não me sentia realizada, e a minha jornada de docência começou quando me matriculei em um curso de assistente de ensino de Nível 3. Como parte do curso, iniciei um estágio em uma escola de ensino fundamental. A função voluntária inflamou minha paixão e criatividade, motivando-me mais ainda a iniciar minha longa e prazerosa, porém "desconhecida", jornada no ensino. Logo após concluir meu curso de assistente de ensino, procurei emprego em uma escola fundamental diversificada e desafiadora, onde passei os cinco anos seguintes. Durante esse período, obtive um grau fundamental (*foundation degree*) em Maternal e Infantil em Prática Integrada. Essa rota de ingresso no ensino permitia que eu continuasse trabalhando em turno integral e cuidasse da minha jovem família. Embora não fosse uma rota tradicional para obter um grau e conseguir o QTLS, ela me permitiu obter experiência prática em diversos ambientes e identificar meus pontos fortes. Estudar enquanto trabalhava e criava uma família foi um caminho difícil, com muitas lágrimas, garrafas de vinho e boas amizades ao longo do caminho.

Após concluir meu grau fundamental, eu me matriculei em uma universidade da região para fazer um bacharelado em Liderança e Gestão em Serviços Infantis. Novamente, eu trabalhei em turno integral como Supervisora Suplente em uma escola de ensino fundamental, substituindo tutores em horário não presencial no Estágio-Chave 2 e fazendo intervenções em toda a escola. Enquanto trabalhava, assumi muitas outras funções adicionais, incluindo Coordenadora de TIC, Coordenadora de Intervenção de Letramento e funcionária de suporte de mentoria. Nessa época, identifiquei meus pontos fortes, o prazer de lecionar para alunos adultos e facilitar o meu conhecimento. Após uma longa jornada de quatro anos, eu me formei e deixei meu emprego para ir atrás do meu sonho de ser professora. Hoje estou estudando em tempo integral, ao mesmo tempo em que faço estágio em uma faculdade local dando aulas de Assistência Médica e Social.

Em toda a minha atividade docente, eu sempre faço ligações com o local de trabalho e providencio oportunidades para que os alunos relacionem a teoria com a prática. O curso pressupõe que os estudantes façam estágios, então eu me asseguro de que os alunos busquem estágios que apoiem seu desenvolvimento profissional. Além disso, eu planejo a contribuição de um palestrante convidado, vindo do setor vocacional relevante; isso é muito eficaz, e o *feedback* dos alunos é extremamente positivo.

Meus métodos de ensino inspiram e motivam os alunos, fazendo com que eles enxerguem o curso como uma jornada. Os métodos que eu utilizo complementam os estilos de aprendizado dos alunos. Eu me desafio diariamente na sala de aula para dar aulas que sejam envolventes e os motivem.

Trago informações por meio de uma variedade de mídias: vídeo, quadro, papel, livro-texto, demonstração, explicação oral, perguntas e respostas e atividade prática.

A tecnologia está no centro de todas as minhas aulas, fazendo com que os alunos sejam inspirados por tecnologias novas e emergentes. Por exemplo, eu dei uma aula em que os alunos usaram um iPad para baixar um aplicativo e fazer as compras de supermercado para o usuário do serviço de assistência que eles estavam atendendo.

Eu planejo minhas aulas pensando em um currículo em espiral. No início de toda aula, eu recapitulo o aprendizado anterior e já envolvo os alunos na preparação da próxima aula, verificando se o aprendizado ocorreu. Prática e repetição ajudam a garantir que o aprendizado realizado seja lembrado, e a metalinguagem é reforçada no início de cada aula, com cada aluno criando seu próprio dicionário de metalinguagem.

Eu planejo as aulas com metas e objetivos que possibilitem que os alunos atinjam os resultados do módulo ao mesmo tempo em que enriquecem sua compreensão e seu desenvolvimento.

Ao discutir a importância de lavar as mãos, eu convidei enfermeiras para a aula. Então, os alunos tiveram uma lição prática sobre a importância de lavar as mãos e prevenção de doenças no ambiente de saúde.

Eu uso estudos de caso retirados da imprensa para gerar debate, pedindo que os alunos participem de um *blog* para registrar suas opiniões. Isso faz parte da avaliação deles, possibilitando que eu verifique seu aprendizado no fim de cada aula.

A faculdade há pouco se tornou um "Centro de Excelência". Isso possibilitou que ela comprasse equipamento hospitalar, que é utilizado nas aulas para dar experiência prática.

Eu utilizo e continuarei utilizando palestrantes convidados com os quais construí relações de *networking* ao longo dos meus cinco anos de educação. Isso permite que eu recorra à *expertise* deles ao planejar as aulas. Foram organizadas excursões para visitar alas de hospital e lares, fazendo ligações com as unidades que os alunos estavam estudando.

(Continua)

(Continuação)

Na minha experiência, os desafios que os alunos enfrentam atualmente na assistência médica e social estão garantindo oportunidades de carreira. Isso, às vezes, afeta a motivação dos alunos. Ainda, alguns não conseguem oportunidades de estágio. Portanto, quando precisam relacionar a teoria à prática, eles têm experiência limitada.

Além disso, os alunos têm vidas cada vez mais corridas e, com os cortes no orçamento devidos à conjuntura econômica, eles buscam oportunidades de emprego. Por causa disso, alguns alunos já conhecem os aspectos negativos do mercado de trabalho, e isso pode afetar a crença deles de que a educação é uma ferramenta poderosa que pode mudar suas perspectivas. Desde o início da sua jornada, eles começam a questionar o curso e como ele mudará suas vidas.

A minha abordagem ao ensino e aprendizado vocacional abrange uma abordagem centrada nas pessoas, possibilitando aprendizado autônomo. Eu estimulo os alunos a usar experiências da vida real dentro da sala de aula; da mesma forma, eu trago elementos da minha própria vida e experiência para a aula.

ESTUDO DE CASO

Simon e Beth são diretores de uma organização sem fins lucrativos de treinamento em equitação. Como tutores vocacionais experientes, eles compartilham algumas das suas abordagens para tornar o aprendizado envolvente e eficaz, ligando-as a aspectos do Ofsted Common Inspection Framework.

Garantindo o bom progresso dos alunos

Uma atividade útil para a semana de integração ou para verificar o aprendizado anterior é dar aos alunos uma avaliação cronometrada (p. ex., retirar e limpar arreios em cinco minutos). O tutor deve registrar seu progresso inicial e depois repetir a tarefa mais tarde no semestre, sempre registrando e avaliando seu progresso em comparação aos tempos anteriores.

A avaliação por colegas também funciona aqui, e você pode até acrescentar um elemento de competição ao dar um prêmio ao aluno que mais se aperfeiçoou. Essa tarefa também funciona quando se introduz um elemento de qualidade (em oposição a simplesmente concluir a tarefa contra o tempo) após as primeiras tentativas iniciais, de forma que o tutor possa ajudar os alunos a desenvolver habilidades mais amplas.

Outra atividade de verificação de progresso contínuo é dar aos alunos uma série de tarefas de dificuldade crescente (p. ex., salto de obstáculos com alturas que são elevadas nas tentativas seguintes, dependendo do ritmo de progresso) para demonstrar as melhoras da primeira tentativa até a última. Quando os alunos estão melhorando em níveis diferentes, eles devem ser acompanhados, sendo a dificuldade das tarefas adequada para cada aluno (ou grupo).

Simon e Beth são diretores de uma organização sem fins lucrativos de treinamento em equitação. Como tutores vocacionais experientes, eles compartilham algumas das suas abordagens para tornar o aprendizado envolvente e eficaz, ligando-as a aspectos do Ofsted Common Inspection Framework.

Garantindo o bom progresso dos alunos

Uma atividade útil para a semana de integração ou para verificar o aprendizado anterior é dar aos alunos uma avaliação cronometrada (p. ex., retirar e limpar arreios em cinco minutos). O tutor deve registrar seu progresso inicial e depois repetir a tarefa mais tarde no semestre, sempre registrando e avaliando seu progresso em comparação aos tempos anteriores.

A avaliação por colegas também funciona aqui, e você pode até acrescentar um elemento de competição ao dar um prêmio ao aluno que mais se aperfeiçoou. Essa tarefa também funciona quando se introduz um elemento de qualidade (em oposição a simplesmente concluir a tarefa contra o tempo) após as primeiras tentativas iniciais, de forma que o tutor possa ajudar os alunos a desenvolver habilidades mais amplas.

Outra atividade de verificação de progresso contínuo é dar aos alunos uma série de tarefas de dificuldade crescente (p. ex., salto de obstáculos com alturas que são elevadas nas tentativas seguintes, dependendo do ritmo de progresso) para demonstrar as melhoras da primeira tentativa até a última. Quando os alunos estão melhorando em níveis diferentes, eles devem ser acompanhados, sendo a dificuldade das tarefas adequada para cada aluno (ou grupo).

O aprendizado ocorre tanto dentro quanto fora da sala de aula

Uma boa maneira de levar o aprendizado para fora da sala de aula ou campo seria pedir que os alunos confeccionem um questionário que os ajude a identificar um elemento particular do seu curso – por exemplo, "Quem é o típico proprietário de cavalos?" – usando seus colegas ou o público de uma feira ou evento local. Deve-se pedir que os alunos registrem suas constatações (ou criem um diário) e criem um guia para candidatos a proprietário de cavalos, após avaliar e condensar as informações reunidas.

Pode-se pedir que os alunos filmem seus testes de adestramento (ou compitam usando o Dressage Anywhere, um popular serviço *on-line* de adestramento) em horário extraclasse e postem seus vídeos na página do Moodle da turma, para que seus colegas comentem e os ajudem a melhorar suas pontuações.

Estabelecendo expectativas altas

Uma questão comum entre alunos práticos é a capacidade de identificar e desenvolver as habilidades da profissão que escolheram dentro de um ambiente de faculdade sem parecer muito artificial. No início do curso, peça que os alunos pesquisem sobre os padrões e regras encontrados e esperados em haras profissionais (incluindo saúde e segurança), para depois negociar com o tutor um conjunto de padrões pessoais/de turma. Eles devem ser redigidos na forma de um conjunto de regras do haras, inclusive com consequências de violações (o tutor também deve se comprometer a seguir essas regras), que deve ser divulgado pelo haras.

(Continua)

(Continuação)

Estando confiantes quanto aos padrões, peça que os alunos se "policiem" em aulas práticas, podendo o tutor organizar revisões regulares de comportamento e supervisionar questões ou consequências fora dos padrões. Bom comportamento regular é a essência dessa tarefa, e ter palestrantes convidados de haras bem administrados ou da indústria também é um acréscimo útil a essa atividade.

Estratégias de ensino inovadoras e inspiradas

Os alunos práticos frequentemente anseiam por desenvolver suas habilidades de negócio e empreendedorismo. Após eles se adaptarem ao curso, distribua um trabalho pedindo que eles pesquisem os requisitos para gerenciar um haras sustentável e bem-sucedido (organizar excursões até haras gerenciados por profissionais, etc., é uma boa ideia antes de dar essa tarefa). Então, peça que os alunos montem sua própria escola de equitação ou serviço de trato (p. ex., no campus, uma tarde por semana) para os demais alunos (ou tutores/público).

Utilizando seus objetivos de carreira, metas de desenvolvimento de habilidades ou ambições pessoais, o tutor deve alocar funções administrativas e dar ao grupo um orçamento fixo para administrar. O tutor também deve elaborar um "contrato" negociado para os alunos assinarem, o que lhes recordará os padrões profissionais aos quais devem aderir, assim como o trabalho em equipe necessário.

Habilidades mais amplas podem incluir entrevistas (de "recrutamento"), *marketing*, saúde e segurança, finanças, *webdesign* e gestão de pessoas. Em intervalos regulares, o tutor deve monitorar e dar suporte ao progresso dos alunos. Quando possível, o tutor também deve reduzir o input à medida que os alunos ganham confiança e profissionalismo, fixando metas específicas, mensuráveis, atingíveis, relevantes e temporais (SMART) e marcos enquanto a tarefa progride rumo a uma conclusão convencionada pelos alunos e pelo tutor no início (por exemplo, tirar £ 100 de lucro ou apresentar um padrão de trabalho fixado com base na indústria).

Entusiasmo e motivação

Todas as atividades e tarefas devem ser realizadas de um modo positivo e entusiasmado – os alunos pegam a linguagem corporal e verbal dos seus tutores, que são, no fim das contas, modelos. Uma boa maneira de estimular os alunos a desenvolver seu entusiasmo por uma unidade é fazê-los sentir como é ensinar aos outros. Peça que os alunos desenvolvam suas habilidades de ensino aos seus colegas, elaborando e realizando uma pequena aula prática (p. ex., adestramento com corda), modelando sua técnica com base na do tutor (ou tutores, em turmas compartilhadas).

Os tutores podem usar registro para que os alunos identifiquem as habilidades que querem desenvolver na atividade. Ao configurar a tarefa, o tutor deve pedir que os alunos redijam uma pequena descrição de emprego para um potencial tutor se candidatando junto à faculdade, devendo incluir uma seção de reflexão para avaliar seu desempenho durante a atividade (eles podem até avaliar o desempenho do tutor, se você se sentir confiante). O uso de câmeras de vídeo para gravar as aulas também possibilita que o tutor e o aluno assistam a si mesmos e desenvolvam suas práticas reflexivas, assim como a criação de uma biblioteca de aulas práticas para que eles acompanhem seu desenvolvimento ao longo do tempo.

Oportunidades para desenvolver confiança e aprendizado independente

Assim como com a administração de empresas próprias, os tutores podem ajudar os alunos a desenvolver confiança e independência pedindo que eles organizem tarefas fora das aulas normais. Por exemplo, peça que os alunos montem e operem uma rota de limpeza (p. ex., para trato/remoção de estrume) para seus colegas ou montem pequenos negócios para oferecer seus serviços profissionais a tutores/colegas/público, quando apropriado.

A tarefa pode ser ligada a critérios de avaliação e à aplicação mais ampla de habilidades pessoais, sociais e industriais. O tutor deve adaptar seu suporte e orientação à medida que a tarefa progride, ligando-os aos critérios do curso, se adequado, a fim de realmente contextualizar a tarefa para os alunos.

Recursos de alta qualidade

Muitas vezes, o recurso mais essencial é negligenciado pelos tutores nas aulas práticas – a saber, o cavalo. Existem muitas formas de integrar o cavalo nas aulas, mesmo na teoria, o que pode depois ser traduzido em tarefas inovadoras e emocionantes. Um exemplo seria pedir que os alunos registrem suas técnicas equestres com seus próprios cavalos ou com os da faculdade ou estágio durante feriados e férias, postando-as nas suas páginas (ou da faculdade) do Moodle, para que seus colegas possam ver o que está acontecendo na turma. Usando *feedback on-line*, o tutor pode postar comentários e dar *feedback* individual e ao grupo *on-line*, e os colegas também podem revisar e dar suporte ao aprendizado e à reflexão dos outros.

Oportunidades para desenvolver habilidades funcionais de língua materna e de matemática

O desenvolvimento de habilidades mais amplas pode ser simplificado mediante a seguinte tarefa. Peça que os alunos compareçam a um evento ou feira local. Deve-se dar aos alunos uma variedade de setores (ou um específico) para acompanhar durante a feira (p. ex., arreamento, alimentação, serviços profissionais). Antes da feira, pode-se solicitar que os alunos elaborem um questionário baseado em critérios de avaliação relacionados (p. ex., movimento dos estábulos, custo dos itens a venda, comparação de ofertas, etc.) e utilizem esses dados em um trabalho futuro ou simplesmente uma tarefa de seguimento em que apresentam suas conclusões e elaboram um guia para potenciais empreendedores que querem ingressar no setor.

Os tutores também podem usar palestrantes convidados para visitar e compartilhar com os alunos os problemas e os sucessos de uma diversidade de tópicos relacionados (p. ex., estabelecer um haras ou competir como amador/profissional), devendo os alunos planejar e registrar os debates e planejar carreira e ambições de progresso com base na aula. Por fim, os tutores devem estar preparados para identificar e atentar a erros básicos de gramática e pontuação no *feedback* do trabalho, fixando metas específicas relacionadas a essas questões.

(Continua)

(Continuação)

Integração de igualdade e diversidade e proteção

O setor equestre contém vários estereótipos e preconceitos positivos (e negativos) sobre gênero e etnia; assim, incorporar e promover igualdade e diversidade é mais fácil do que os tutores talvez pensem. Por exemplo, peça que os alunos monitorem dados coletados pela faculdade (ou por eles mesmos) sobre quem usa o haras em tal período ou quem é representado em feiras e eventos. Então, pode-se pedir que os alunos desmembrem essas informações segundo idade, gênero, raça, etc., e façam um trabalho para promover e aumentar a participação dos grupos com baixa representação.

Para áreas mais específicas, os tutores podem pedir que os alunos pesquisem e rastreiem a história das linhagens no setor equestre, comentando os impactos que eles enxergam nas raças do haras. Os alunos também podem refletir sobre o que aconteceria se os humanos fizessem o mesmo!

» Agora é a sua vez!

Identifique três estratégias utilizadas por Beth e Simon que possam ser traduzidas para a sua matéria.

» ESTUDO DE CASO

Elizabeth é professora de Cuidados Infantis e Maternal em uma instituição particular de treinamento.

Já trabalho no setor há mais de 15 anos. Comecei como cuidadora e progredi para a função de gerente de creche. Tenho conhecimentos de ambos os lados, tanto como aluna quanto como tutora. Isso me ajudou a lidar com os alunos por toda minha carreira profissional, e eu consigo compreender como eles se sentem e também a dificuldade que alguns têm com o treinamento. Hoje eu vejo que a maioria dos alunos que encontro não acredita que possa chegar à universidade com esse tipo de qualificação. A minha própria experiência com educação vocacional permite que eu modifique as percepções deles e inicie o processo de pensar que a universidade pode ser uma possibilidade por meio de uma rota vocacional.

Meus alunos têm entre 14 e 19 anos, vindo dos mais variados contextos. O ambiente de treinamento se situa em uma área de muita privação. A maioria dos alunos tem um histórico delicado, como já fazer parte do sistema assistencial. Muitos não tiveram sucesso na escola e desejam qualificar-se na FE.

Como oferecemos uma seleção variada de cursos e cuidamos para satisfazer as necessidades deles, os alunos se sentem mais seguros no ambiente, e acredito que isso os auxilia em seu processo de aprendizado. Nós os assistimos de todas as formas que podemos, até lhes provendo passagens de ônibus e café da manhã. Mesmo algo muito simples, como uma garrafa de água para beber durante a aula, pode ter um grande impacto sobre o aluno. Mostrar-lhes que você se dispõe a empregar tempo e esforço com eles para ajudá-los a atingir sua meta final pode ajudar a motivar e envolver os alunos de uma maneira que você nem imagina.

Na minha abordagem ao ensino e treinamento, uso muitos métodos cognitivos quando leciono no centro. A maioria dos "métodos behavioristas" se aplica fora de aula, no estágio, embora eu acredite que é benéfico ter algumas atividades práticas dentro das aulas teóricas para beneficiar os alunos em sua capacidade de envolver as crianças – por exemplo, massinha de modelar.

Como gerente de uma creche, tenho o conhecimento do que eu gostaria de ver em um aluno no meu ambiente. Eu levo isso em consideração ao planejar as aulas, pois quero que o aluno se destaque e mostre confiança e conhecimento na sua área. Espero que isso os beneficie. Para mim, um bom plano de aprendizado deve sempre consistir em uma mistura de debates, atividades e pesquisa, para beneficiar o aluno e garantir que o aprendizado ocorra. Na minha função, tenho a sorte de ter salas de aula com computadores, o que possibilita que eu satisfaça melhor as necessidades de todos os meus alunos.

Nós trabalhamos muito de perto com o setor de cuidados infantis, bem como com a assistência médica e social. Isso nos ajuda a assegurar que as nossas qualificações e os nossos métodos de ensino beneficiem o cliente. Também ajuda na nossa busca contínua por estágios e, por fim, na possibilidade de emprego para nossos alunos.

No setor de cuidados infantis, é difícil organizar excursões e visitas, mas, no setor de assistência médica e social, já conseguimos organizar visitas a lares de assistência em excursões e visitas a pontos turísticos.

>> ESTUDO DE CASO

Hannah é professora de cabeleireiros em uma grande instituição de FE.

Atualmente, trabalho para uma grande empresa internacional em um movimentado salão, prestando diversos serviços de cabeleireira aos clientes. Após 18 anos no setor em diversas funções, incluindo gerência, instrução de produtos e treinamento com aprendizes, decidi passar adiante minhas habilidades e conhecimentos, desafiando-me com uma mudança de carreira, rumando à docência.

(Continua)

(Continuação)

A minha carreira de cabeleireira começou com a obtenção de uma National Vocational Qualification (NVQ) de Nível 2 por meio de um programa moderno de aprendiz em um salão. Inicialmente, eu queria treinar nesse ambiente, ensinando a alunos parecidos comigo; no entanto, o estágio do meu curso de Certificado em Educação iniciou em uma escola, dando aula a alunos de 14 a 16 anos. Depois eu fiz um segundo estágio trabalhando com alunos de 16 a 19 anos em uma faculdade de FE. Ambas essas experiências mudaram a minha percepção da educação vocacional nesses tipos de ambiente, e eu me senti muito grata.

Hoje eu ensino em um programa noturno em meio turno para alunos adultos. Esses alunos em particular encaram desafios diferentes em seu curso. Muitos escolhem adotar esse modo de estudo porque têm filhos pequenos e/ou trabalham durante o dia, o que pode afetar a sua assiduidade. Alguns dos alunos ficaram fora da educação por algum tempo, considerando o estudo, a escrita de trabalhos e o uso de TI um verdadeiro desafio. Entretanto, todos eles são muito empenhados e muito motivados para aprender novas habilidades e conhecimento a fim de modificar suas carreiras ou conseguir emprego no setor. Todos eles parecem usar *sites* de redes sociais, como Facebook e Twitter, para manter contato e se desenvolver como grupo fora da faculdade.

Espera-se que os alunos tomem parte em sessões nas quais prestam serviços para clientes pagantes "de verdade" o mais breve possível. Esses "salões comerciais" são gerenciados como qualquer salão, delegando-se a gerência do salão com base em uma escala. Junto comigo, os alunos observam o código de conduta, decidem coletivamente em nome do grupo no início do curso e trabalham visando aos padrões do setor, incluindo cumprir as normas de saúde e segurança.

Essa é uma parte essencial do programa de aprendizado vocacional, preparando-os para conseguir trabalhar eficientemente no setor e conseguir um emprego. Eu estimulo e espero que os alunos trabalhem como parte de uma equipe na preparação, na operação e no fechamento do "salão". Por exemplo, eles precisam trabalhar juntos para atingir o máximo nos serviços ao cliente, trabalhado com avaliação, atendimento ao cliente, auxílio mútuo e deveres de limpeza.

No início da aula, eu espero que os alunos utilizem uma ferramenta de organização gráfica que lhes permita refletir sobre as suas experiências de modo a aprimorar suas habilidades, sejam habilidades de cabeleireiro, de comunicação e atendimento ao cliente ou de trabalho em equipe. Eu acho que isso os ajuda a desenvolver habilidades pessoais de aprendizado e pensamento, que eu considero habilidades muito importante de se ter na indústria para se ser bom no que se faz. Cabeleireiro é uma profissão em constante mudança, e você precisa ter a capacidade de continuar aprendendo e adaptando as habilidades que possui a fim de se manter atualizado e criativo.

Em cada aula prática, eu espero que os alunos repliquem os papéis que desempenharíamos na indústria. Pede-se que eles realizem uma consulta completa antes de começar um serviço para um cliente e repassem essa informação para mim, justificando o que estão fazendo e por quê. Isso me permite usar questionamento para desenvolver e avaliar seus níveis mais profundos de compreensão e como uma oportunidade de fazer elogios e motivar.

Por causa da natureza da matéria, os alunos tendem a ter preferências de aprendizado visual e sinestésico. Como suporte a isso, eu ponho os alunos a desenhar ou escrever no espelho (com pincel atômico) os ângulos, linhas de corte, formatos, fórmulas de cor e processos que eles pretendem levar a cabo. Isso me ajuda a avaliar a sua justificativa para a abordagem e os ajuda a explicar, planejar claramente e lembrá-los do que estão fazendo. Isso, às vezes, faz com que o aluno se questione e reavalie sua linha de ação. Depois, essas informações podem ser transferidas para as fichas de corte ou organizadores gráficos como auxílio à memória e reflexão.

Eu sinto que a minha abordagem de ensino a cabeleireiros ajuda a envolver e motivar os alunos, pois eles conseguem enxergar a relevância do que estão fazendo e como podem se aperfeiçoar e se desenvolver como cabeleireiros. Em minha opinião, as redes sociais e ferramentas da Web, como Facebook, YouTube, Twitter e Pinterest são recursos muito úteis para ensinar a minha matéria e para envolver e motivar os alunos. São inestimáveis para nos comunicarmos e compartilhar imagens inspiradoras ou novas técnicas ou equipamentos. Isso pode, então, ser trazido para o ambiente da oficina por meio do uso do quadro branco interativo, no qual demonstro técnicas e ferramentas, ou podemos "desconstruir" os métodos usados para criar os "looks" e aprender com eles.

No fim de cada aula prática no salão, eu envolvo os alunos em um debate em grupo no qual eles podem compartilhar suas experiências – por exemplo, o que eles aprenderam, do que gostaram, quais avaliações/metas eles realizaram e de que coisas que os outros alunos fizeram eles gostaram ou aprenderam. Eu acho que isso funciona bem para ajudar os alunos a dar suporte, incentivo e elogios uns aos outros. Também gosto de compartilhar o que acho que são os pontos positivos da aula geral como grupo – por exemplo, trabalho em equipe eficaz – e salientar as melhorias necessárias para a próxima aula. Esses métodos são muito "cooperativos", "aprender fazendo" e por meio de experimentação. Embora eu esteja ali para guiar e facilitar, acho que essa abordagem reflete o mais fielmente possível o ambiente real de trabalho que eles vivenciarão e as expectativas dos alunos ao se empregarem.

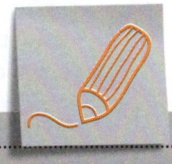

>> Agora é a sua vez!

Faça uma lista das maneiras em que Hannah torna seu ambiente de aprendizado profissional, funcional e eficaz. Como você pode explorar o poder das tecnologias de aprendizado na sua matéria vocacional?

>> ESTUDO DE CASO

Penny é gerente sênior em uma faculdade particular internacional para estudantes de artes criativas.

As artes criativas sempre provocam debate sobre serem uma experiência vocacional ou acadêmica para os alunos e que tipos de pessoas e habilidades a educação especializada em artes criativas produz.

É possível argumentar que o estudo das artes criativas se situa entre uma experiência vocacional e uma acadêmica, combinando ambas para oferecer uma educação (experiência de aprendizado) que inclui melhores práticas reconhecidas em ensino, aprendizado e avaliação. Leonardo da Vinci costuma ser citado como um exemplo de alguém que utilizava habilidades de diferentes campos para criar, inventar e fazer.

Na instituição em que trabalho, alunos estrangeiros acima de 16 anos cursam simultaneamente duas qualificações de Nível 3, oferecidas por duas organizações diferentes. Meus alunos possuem histórias muito diferentes, estando acostumados a métodos de ensino muito diferentes de escolas e países anteriores. Eles consideram desafiador o trabalho em equipe, aprendizado independente e trabalho por meio de processo criativo. Eles ficam confortáveis com o desenvolvimento de habilidades técnicas e cumprimento de tarefas.

O Foundation Diploma e os níveis A podem cobrir terrenos semelhantes, pois há flexibilidade no modo como podem ser entregues, mas o rendimento é evidenciado e avaliado de maneira diferente. A progressão para a educação universitária é baseada nos portfólios dos alunos, que demonstram sua aplicação de habilidades.

Para que os alunos tenham o programa mais rico possível, é importante proporcionar uma experiência flexível e com bons recursos:

- A escola privada tem alojamento, e os estúdios de arte são abertos, sendo supervisionados pelos funcionários durante toda a noite e nos fins de semana. Os alunos passam muito tempo trabalhando, pois gostam do seu trabalho e da atmosfera do estúdio. Tempo na aprendizagem.

- Existe uma boa dose de estímulos planejados por parte de funcionários, artistas, egressos, exposições, oficinas e visitas acadêmicas. Motivação, meta e contexto.

- Os alunos cursam diversas disciplinas artísticas e tornam-se competentes em diversas áreas. Aplicação de habilidades de alto nível.

- Os alunos discutem os trabalhos entre si e com a equipe por períodos longos. Eles agarram as oportunidades. Confiança e inventividade.

- Os alunos dedicam muito tempo a pesquisa primária/secundária, desenvolvimento de ideias e experimentação/refinamento em contexto. Fundamentação conceitual.

- Os alunos desenvolvem identidade individual por meio dos caminhos escolhidos. Especialização, individualidade e compreensão.

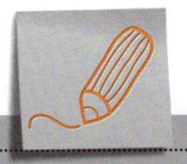

Agora é a sua vez!

Você consegue identificar abordagens adotadas pela faculdade de Penny que otimizariam o programa da sua disciplina? Do que você precisaria para implementar a intervenção que você identificou?

Atividades

Agora que você chegou ao fim do livro, gostaríamos que reservasse um tempo para refletir sobre os seguintes tópicos e o seu impacto na sua prática profissional.

1. O que é educação vocacional (ou profissionalizante).

2. O contexto atual do ensino técnico e profissionalizante no Brasil.

3. Envolvimento e motivação de alunos do ensino técnico e profissionalizante.

4. Envolvimento do empregador.

5. Planejamento da sua abordagem.

6. Aprendizagem experiencial e aplicada.

7. Avaliação.

8. Registros da trajetória educacional e profissional do aluno.

Agora pense e conceba um plano para:

- criar um ambiente de aprendizagem aberto a todas as culturas, os gêneros, as necessidades especiais, os interesses e as capacidades;
- abordar o conteúdo de uma forma contextualizada, aplicando-o a situações reais com as quais os alunos irão se deparar;
- considerar a natureza problemática do aprendizado baseado em pesquisa para adquirir conhecimento profundo;

- estimular abordagens de aprendizado colaborativas em cada contexto de aprendizado;
- considerar os históricos diversos dos alunos, isto é, contexto social, cultural, familiar, estilo de vida e *background* escolar, quando do planejamento das suas aulas;
- prover aprendizado da vida real, refletindo e respondendo às necessidades/interesses da comunidade;
- garantir que todos os alunos tenham o mesmo acesso aos recursos de aprendizagem e que todos sejam tratados da mesma forma;
- desenvolver e promover uma abordagem que se concentre no processo de aprendizado e estimule os alunos a adotar uma "mentalidade de crescimento" em seu próprio desenvolvimento;
- elevar o perfil do ensino e treinamento vocacional de alta qualidade, eficaz e transformador.

Ler e refletir sobre questões de educação pode auxiliar a nossa prática em sala de aula, estimular nossa imaginação e aperfeiçoar nosso profissionalismo. E pode levá-lo para direções inesperadas...

Boa sorte na sua futura carreira!

Apêndice 1
Exemplo de esquema de trabalho vocacional

Programa do curso: BTEC L3 Diploma em Assistência Médica e Social

Módulo: Unidade 34 – Herança Humana em Assistência Médica e Social

Ensino e treinamento profissionalizantes

Número da aula	Objetivos de aprendizado e conteúdo ligado ao plano da disciplina	Estratégia de ensino e atividades dos alunos	Materiais/recursos/ tecnologias de aprendizado	Oportunidades de incorporar habilidades funcionais	Oportunidades de desenvolver habilidades mais amplas	Avaliação interna/externa
1	Estruturação do módulo				O uso de dicionários (glossários) e imagens que o aluno deve comentar com anotações ou melhorar ajuda a otimizar a experiência de aprendizado.	
	Introdução ao módulo	Questionamento verbal do conhecimento dos alunos sobre o que eles já sabem quanto à reprodução humana. Alguns termos simples que eles já devem conhecer.	Diagramas simples de sistemas reprodutivos, nos quais os alunos podem fazer anotações à medida que o tutor passa pelos principais pontos no PowerPoint®.	O preenchimento da ficha/caderneta de glossário permite a incorporação de termos técnicos importantes e efetua a aquisição do linguajar pelos alunos.	Isso é reforçado pelo uso de debates centrados nos alunos, dando-se tempo para que cada aluno dê voz às suas opiniões, sinta-se confiante e valorizado na aula e compreenda que está em um ambiente seguro (sem conflitos).	Trabalhos com moderação interna e externa.
	Panorama dos trabalhos a serem distribuídos					
Introdução à Unidade 34	Objetivo de aprendizado - Compreender a reprodução humana	Apresentação em PowerPoint®, devendo os alunos complementar com suas próprias palavras em suas fichas/cadernetas de glossário.	Páginas de colorir sobre fertilização, concepção ao embrião e desenvolvimento embrionário inicial.	A realização da atividade de colorir reforça os termos-chave e permite que o aluno visualize os conceitos.	O uso de cadernos de exercícios permitirá que os alunos desenvolvam uma atitude inquiridora, e o uso de bibliografias os direcionará para onde podem encontrar mais informações para fazer a própria pesquisa.	(total de 4)
		***	***			***
	Revisar a reprodução humana		Cadernos de exercícios sobre estrutura e função dos cromossomos.	O uso de vídeos e tutoriais on-line familiariza o aluno com TIC.	Permitir que os alunos usem a Internet como uma fonte potencial de informação encoraja e enfatiza o uso seguro da Internet e possibilita que os alunos sigam suas metas de maneira envolvente.	
	***		Vídeo on-line sobre crescimento celular.			

Número da aula	Objetivos de aprendizado e conteúdo ligado ao plano da disciplina	Estratégia de ensino e atividades dos alunos	Materiais/recursos/ tecnologias de aprendizado	Oportunidades de incorporar habilidades funcionais	Oportunidades de desenvolver habilidades mais amplas	Avaliação interna/externa
1	Introdução à estrutura do cromossomo	Cadernos de exercícios baseados na estrutura e função dos cromossomos e na apresentação dos estágios do crescimento e reprodução celular — os alunos devem fazer anotações em todo o livro de exercícios. O tutor comentará vídeos on-line, salientando os principais pontos e orientando os alunos a pesquisar sobre eles em casa e tentar responder às questões no site a fim de expandir seu conhecimento e se preparar para a próxima aula.		Encaminhar os alunos ao centro de recursos de aprendizado da faculdade, caso não tenham acesso à Internet em casa. O tutor também deve reforçar o fato de que o aluno DEVE utilizar fontes confiáveis de conhecimento.

Participantes efetivos/ alunos reflexivos — os alunos poderão ajudar uns aos outros a realizar tarefas e fazer referência a conhecimento anterior da matéria.

Pesquisadores independentes — aos alunos, serão oferecidas atividades de extensão e acesso a materiais de nível superior mediante consulta à bibliografia dos cadernos de exercício. | O uso de cadernos de exercícios permitirá que os alunos desenvolvam uma atitude inquiridora, e o uso de bibliografias os direcionará para onde podem encontrar mais informações para fazer a própria pesquisa.

Permitir que os alunos usem a Internet como uma fonte potencial de informação encoraja e enfatiza o uso seguro da Internet e possibilita que os alunos sigam suas metas de maneira envolvente. | Avaliação interna – respostas a questionamento e preenchimento de fichas permitem que o tutor determine o nível inicial dos alunos e determinam as lacunas de conhecimento, assim ditando o ritmo da aula. |
| Introdução à Unidade 34 | Mitose e meiose | | | | | |

Apêndice 1 » Exemplo de esquema de trabalho vocacional

Ensino e treinamento profissionalizantes

Número da aula	Objetivos de aprendizado e conteúdo ligado ao plano da disciplina	Estratégia de ensino e atividades dos alunos	Materiais/recursos/ tecnologias de aprendizado	Oportunidades de incorporar habilidades funcionais	Oportunidades de desenvolver habilidades mais amplas	Avaliação interna/externa
	Objetivo de aprendizado – **Gametogênese**	Perguntas abertas em ritmo veloz sobre principais termos/conceitos da última aula.	PowerPoint® mostrando os principais termos/ conceitos.			
	Códigos genéticos	Atividade – dominó ou jogo da memória sobre os principais termos e definições, em grupos de, no máximo, três. Dar aos alunos tempo para escrever definições, se necessário. O tutor deverá repassar os termos no PowerPoint®.	Usar vídeos on-line: comparação entre meiose e estágios da meiose. Dominó/memória de meiose/mitose.	A habilidade numérica está imbricada, pois os alunos terão que identificar números de cromossomo e fazer comparações entre diploide e haploide. Redução e combinação de gametas.	Os alunos trabalharão em grupos que conhecem e em que confiam. Eles escolherão seus próprios parceiros, possibilitando avaliação por pares, diversão e rendimento.	Interno – verifique se os glossários dos alunos estão corretos e progredindo. Identifique o nível/lacunas de conhecimento.
2 **Gametogênese**	**Estrutura do DNA** Recapitulação sobre a estrutura do cromossomo Meiose e mitose em detalhes Introduzir os trabalhos 1 a 4	Recapitular a aula anterior, fazendo perguntas e respondendo às dos alunos. Após os alunos estarem familiarizados e satisfeitos com as principais definições, prosseguir para os objetivos de aprendizado.	Trabalho 1 – os alunos devem produzir uma maquete de DNA e cromossomos, mostrando compreensão de estrutura e função (atividade em casa). Os alunos devem produzir um pôster mostrando os estágios de meiose em detalhes e determinação de sexo – atividade em aula – grupos de dois ou três.	Participantes/eficazes/ trabalho em equipe – os alunos deverão auxiliar uns os outros e trabalhar em grupos para concluir as tarefas. Pensadores criativos – o trabalho é visual. Os alunos deverão expressar suas opiniões e apresentar seu trabalho em um formato criativo.	Cada um fará uma contribuição positiva ao trabalho do grupo, e a realização bem-sucedida dessa avaliação promoverá a saúde e o bem-estar dos alunos. O ambiente de trabalho cumpre com a hierarquia de necessidades de Maslow – animado, confortável e apropriado para aprendizado.	Trabalho Oficial 1 – os alunos devem começar a trabalhar em um pôster que apresentarão aos tutores e ao resto da turma.

Número da aula	Objetivos de aprendizado e conteúdo ligado ao plano da disciplina	Estratégia de ensino e atividades dos alunos	Materiais/recursos/ tecnologias de aprendizado	Oportunidades de incorporar habilidades funcionais	Oportunidades de desenvolver habilidades mais amplas	Avaliação interna/externa
2	Gametogênese	Repassar a ligação de nucleotídeos, pedindo que os alunos mostrem a pareação de DNA mitose – crescimento celular – diploide meiose – produção de gametas – redução de cromossomos. Os alunos devem fazer anotações e assistir a vídeos sobre meiose e mitose. Dê início ao Trabalho 1. Repasse a proposta de trabalho, esclarecendo eventuais dúvidas.	Papel de pôster, canetas coloridas, lápis, cola em bastão, uso de computador, papel para impressora. Livro-texto de genética e *flashcards*. Distribua o Trabalho 1 – explique e repasse a proposta e repasse para assegurar que foi entendido.	Autogerentes – embora trabalhem em grupos, os alunos deverão atribuir tarefas para cada indivíduo realizar.		O conteúdo do pôster deverá receber nota e ser submetido ao VI/portfólio, e a apresentação receberá nota mediante observação do tutor.

Apêndice 1 » Exemplo de esquema de trabalho vocacional

Ensino e treinamento profissionalizantes

Número da aula	Objetivos de aprendizado e conteúdo ligado ao plano da disciplina	Estratégia de ensino e atividades dos alunos	Materiais/recursos/ tecnologias de aprendizado	Oportunidades de incorporar habilidades funcionais	Oportunidades de desenvolver habilidades mais amplas	Avaliação interna/externa
3 Código genético e síntese de proteínas		Recapitular a meiose – usar *flashcards* e imagens da célula da cebola.				
	Objetivo de aprendizado – Compreender a relação entre códigos genéticos e produção de proteínas e a estrutura cromossômica	Atividade – os alunos devem colocar as imagens na ordem correta, da prófase até a citocinese.	PowerPoint® sobre síntese proteica. *Flashcards* sobre meiose. Imagens de célula de cebola. Polígrafo sobre síntese proteica.		Atividades com a mão na massa, mostrando criatividade e planejamento (contribuições positivas). Estilos VAK incorporados (prazer e rendimento).	Preenchimento de cartões e figuras mostra compreensão dos estágios do crescimento e recuperação celular.
		PowerPoint® de síntese proteica, DNA-RNA-proteínas. Usar polígrafo sobre síntese proteica, devendo os alunos fazer anotações enquanto ouvem e fazer perguntas, no caso de precisarem de esclarecimento.		Uso de TIC, termos técnicos e atividades criativas, possibilitando que os alunos adquiram conhecimento.		
	Recapitular pareamento de DNA, introduzir síntese de proteínas – transcrição, tradução.	Atividade – o que essa sequência de DNA codifica? Identifique como os pesquisadores podem compreender como os cromossomos codificam e expressam genes.	Conjuntos de cromossomos, mostrando tamanhos de cromossomo. Animações do Welcome Trust sobre DNA à proteína – em *pen drive*. Folhas de atividade e discos de codificação de DNA.	Participantes/eficazes/ trabalho em equipe – os alunos deverão auxiliar uns aos outros e trabalhar em grupos para realizar as tarefas.	Desenvolvimento de habilidades (bem-estar econômico). Ambiente de trabalho saudável, incluindo intervalos. Promoção de ambiente respeitoso; portanto, não existe pergunta boba.	Preenchimento correto da tradução DNA-proteína identifica alguns genes importantes presentes nos cromossomos.
	Identificar genes em cromossomos e compreender que o tamanho dos cromossomos varia.	Os alunos devem pesquisar sobre o projeto do genoma humano como tema de casa a fim de satisfazer os critérios do trabalho.				

Número da aula	Objetivos de aprendizado e conteúdo ligado ao plano da disciplina	Estratégia de ensino e atividades dos alunos	Materiais/recursos/tecnologias de aprendizado	Oportunidades de incorporar habilidades funcionais	Oportunidades de desenvolver habilidades mais amplas	Avaliação interna/externa
4 Parte 1 – Apresentação do aluno		Os alunos devem apresentar os pôsteres e as maquetes aos colegas. Tutores devem aprovar, anotar observações e fazer perguntas (se necessário) para garantir que todos os critérios sejam preenchidos. Lembre a turma de demonstrar respeito, escutando uns aos outros.	Quadro branco, adesivo reutilizável para apresentações de pôsteres. Fichas de observação. Critérios para o Trabalho 1, câmera para fotografias de portfólio.	Os alunos serão incentivados a falar e apresentar seu trabalho com clareza, e os outros serão lembrados de que todos devem respeitar o tempo dos outros e contribuir mostrando atenção.	Rendimento e prazer – a conclusão bem-sucedida desta aula dará aos alunos créditos para sua nota final.	Avaliação 1 – interna, mas pode ser verificada externamente (exige a presença de um segundo tutor para aprovar as fichas de observação, mantendo-se a justiça e a validade).
Parte 2 – Influências sobre a reprodução	Objetivo de aprendizado – Compreender fatores/influências sobre a reprodução Dieta/saúde/idade etc. Não disjunção da síndrome de Down.	*** Atividade – ordenar os cromossomos humanos e decidir o que está faltando ou sobrando. Como se escreve notação genética? Os alunos deverão fazer anotações, assistir a vídeos e realizar atividade on-line sobre cariótipos. Vídeo da Internet com meiose que dá errado – não disjunção. PowerPoint® e polígrafos. Estudo de caso: síndrome de Down.	Chocolates como recompensa/para quebrar o gelo. *** Conjunto de cromossomos do genoma humano em envelopes. Mostrar vídeo: Quando a meiose dá errado. Estudo de caso: síndrome de Down.	Os alunos receberão nota por sua criatividade e participação, assim como por conteúdo e precisão. Uso de TIC como satisfação de critérios de avaliação e uso do site Turnitin como ferramenta para notas/plágio.	Os alunos devem ser lembrados de que precisam trabalhar juntos com respeito mútuo e em um ambiente seguro e confortável. Demonstrações de trabalho e input dos alunos mostram que eles fizeram uma contribuição válida e positiva à turma, desenvolvendo habilidades que podem usar na comunidade mais ampla.	A realização da atividade sobre cariótipos conclui parte do Trabalho 2.

Apêndice 1 » Exemplo de esquema de trabalho vocacional

Ensino e treinamento profissionalizantes

Número da aula	Objetivos de aprendizado e conteúdo ligado ao plano da disciplina	Estratégia de ensino e atividades dos alunos	Materiais/recursos/ tecnologias de aprendizado	Oportunidades de incorporar habilidades funcionais	Oportunidades de desenvolver habilidades mais amplas	Avaliação interna/externa
5	**Objetivo de aprendizado** – **Investigar o impacto em indivíduos devido a anomalias genéticas**	Recapitular a meiose dando errado – notações genéticas. PowerPoint* identificando recursos para o trabalho, fatores que afetam a reprodução e necessidades físicas, intelectuais, emocionais e espirituais dos indivíduos afetados.	Trabalho 2: proposta. PowerPoint*. Folha com recursos para o trabalho – lista de *sites*/livros/ periódicos úteis.	Os alunos devem comparar as palavras--chave da Unidade 14 e recapitulá-las para este trabalho. Incorporar vocabulário de Assistência Médica e Social. Uso de TIC (Internet) para pesquisar sobre a síndrome.		
Trabalho 2 – **Influências e impacto na reprodução**	Recapitular os fatores que afetam a reprodução. Examinar fatores físicos, intelectuais, emocionais e sociais em pacientes/ famílias/ sociedade devidos ao fracasso do processo reprodutivo.	Debate de turma sobre os fatores (recapitular e relacionar com a Unidade 14, que eles recém concluíram). Os alunos devem identificar e pesquisar um transtorno genético baseado em anomalias cromossômicas. Escolha a partir de uma lista. Usar TIC e recursos da biblioteca para ajudar.	Lista de transtornos aceitáveis para os alunos pesquisarem. Palavras-chave da Unidade 14 – Planos de Assistência e sua ligação com esta unidade.	Participantes eficazes/ alunos reflexivos – os alunos deverão participar da discussão e refletir sobre conhecimento anterior de módulos concluídos. Inquiridores independentes – os alunos deverão debates questões e ouvir o ponto de vista dos outros.	Este trabalho promoverá a compreensão dos alunos sobre saúde e bem-estar, possibilitando uma contribuição positiva ao seu ambiente e comunidade por meio da discussão sobre transtornos e como as outras pessoas os enxergam.	Intervalo – a participação no debate deverá identificar maneiras como o aluno pode executar com sucesso seu trabalho formal. O Trabalho 2 fará parte do portfólio/ nota final.

Número da aula	Objetivos de aprendizado e conteúdo ligado ao plano da disciplina	Estratégia de ensino e atividades dos alunos	Materiais/recursos/tecnologias de aprendizado	Oportunidades de incorporar habilidades funcionais	Oportunidades de desenvolver habilidades mais amplas	Avaliação interna/externa
6 Trabalho 3 - Genética mendeliana	**Objetivo de aprendizado** – **Identificar os princípios centrais da genética** Pesquisar sobre Mendel, o pai da genética, usando exemplos importantes – ervilhas, cor das flores. Identificação de traços/genes (genes dominantes e recessivos). Leis de Mendel – herança e variação. Quadros de Punnett. Realização de cruzamentos mono-híbridos, de teste e di-híbridos. Proporções de Mendel.	Recapitular – verificar se os alunos estão focados para o Trabalho 2 e responder a dúvidas restantes antes de passar para Mendel. PowerPoint® sobre a vida de Gregor Mendel – quem foi ele e por que ele é importante. Distribuir folha com glossário de termos genéticos. Atividade – Folhas de exercício sobre o quadro de Punnett para cor de flores e formato/cor de ervilhas. Polígrafos sobre Mendel. Atividade virtual – Ervilhas Virtuais.	PowerPoint®. Glossário de termos – cartões repassados pelos alunos. Polígrafos sobre Mendel. Atividade on-line em laboratório virtual.	A habilidade numérica é incorporada aqui, pois os alunos terão que calcular proporções para determinar heranças. Os alunos terão que ser mergulhados na terminologia correta, possibilitando a determinação de proporções genotípicas e fenotípicas. Pesquisadores independentes – o site desta tarefa tem muita informação que os alunos podem usar para explorar e ampliar seu conhecimento.	TIC e incorporação do linguajar autonomizam os alunos, e o uso de atividades on-line visuais e estimulantes incentiva a independência dos alunos e possibilita diferentes estilos e hábitos de aprendizado.	Interna – cruzamentos corretos nas atividades on-line impressos e acrescentados aos polígrafos para receber nota. Formal – os polígrafos preenchidos compõem grande parte do Trabalho 3.

Apêndice 1 » Exemplo de esquema de trabalho vocacional

Número da aula	Objetivos de aprendizado e conteúdo ligado ao plano da disciplina	Estratégia de ensino e atividades dos alunos	Materiais/recursos/ tecnologias de aprendizado	Oportunidades de incorporar habilidades funcionais	Oportunidades de desenvolver habilidades mais amplas	Avaliação interna/externa
7 Genética mendeliana	Objetivo de aprendizado – Herança humana e princípios fundamentais de genética Continuar com cruzamentos de teste e trabalhar com cruzamento di-híbridos, quadros de Punnett mais complexos. Variação contínua e descontínua.	Recapitular quadros de Punnett e cruzamento genéticos. PowerPoint®. Polígrafos sobre Mendel. Atividades – trabalho virtual sobre a mosca da fruta no laboratório on-line.	Variedade de folhas de trabalho diferentes sobre cruzamentos genéticos relacionados a herança e variação humana. http://www.sciencecourseware.org/vcise/drosophila/Drosophila.php?guestaccess=1 Os alunos deverão pesquisar sobre células falciformes para a semana seguinte.	A habilidade numérica é incorporada aqui, pois os alunos terão que calcular proporções para determinar heranças. Os alunos terão que ser mergulhados na terminologia correta, possibilitando a determinação de proporções genotípicas e fenotípicas.	TIC e incorporação do linguajar autonomizam os alunos, e o uso de atividades on-line visuais e estimulantes incentiva a independência dos alunos e possibilita diferentes estilos e hábitos de aprendizado.	Interna – cruzamentos corretos nas atividades on-line impressos e acrescentados aos polígrafos para receber nota. Formal – os polígrafos preenchidos compõem uma grande parte do Trabalho 3.

Número da aula	Objetivos de aprendizado e conteúdo ligado ao plano da disciplina	Estratégia de ensino e atividades dos alunos	Materiais/recursos/ tecnologias de aprendizado	Oportunidades de incorporar habilidades funcionais	Oportunidades de desenvolver habilidades mais amplas	Avaliação interna/externa
8 Genética mendeliana	**Objetivo de aprendizado** – Herança humana e princípios fundamentais de genética Examinar a teoria de Mendel e como ela se relaciona com a herança humana – por exemplo, fibrose cística, doença de Huntington e anemia falciforme.	PowerPoint®. Polígrafos. Os alunos deverão pesquisar sobre células falciformes como parte do Trabalho 3. Recapitular a matéria até o momento, fazer um exame mais profundo dos transtornos, como fibrose cística e doença de Huntington. Faça a proposta de Mérito para o Trabalho 3 – células falciformes.	Proposta de Mérito para o Trabalho 3 – células falciformes. Folhas de exercícios sobre árvores genealógicas e herança. Computadores para que os alunos pesquisem sobre células falciformes.	Em seu terceiro trabalho, os alunos reunirão tudo, de forma que todas as habilidades numéricas e habilidades literárias e TIC até o momento serão usadas para concluir o Trabalho 3.	A conclusão bem-sucedida do trabalho traz o sucesso dos alunos.	Interna/externa. Entrega do Trabalho 3, que fará parte do portfólio final.

Apêndice 1 » Exemplo de esquema de trabalho vocacional

Ensino e treinamento profissionalizantes

Número da aula	Objetivos de aprendizado e conteúdo ligado ao plano da disciplina	Estratégia de ensino e atividades dos alunos	Materiais/recursos/ tecnologias de aprendizado	Oportunidades de incorporar habilidades funcionais	Oportunidades de desenvolver habilidades mais amplas	Avaliação interna/externa
9 Trabalho 4 – Reprodução e tecnologia	**Objetivo de aprendizado** – **Tecnologias de reprodução genética** Introdução ao aconselhamento genético, fertilização *in vitro* (FIV), células-tronco e terapia genética. Dilemas éticos.	Apresentação de PowerPoint® e debate em aula. Uso de estudos de caso e folhas de exercícios com cenários vocacionais. Atividades centrada no aluno, com o tutor fazendo perguntas. Os alunos devem sinalizar com placas de votação, elaborando conforme o necessário. Os alunos devem passar uma bolinha uns aos outros para discutir cenários éticos da vida cotidiana. Os alunos podem trabalhar em grupos na segunda parte da aula, depois apresentando suas conclusões/argumentos para o resto da turma. Os tutores deverão mediar e observar, cuidando para que os alunos mostrem consideração pelas visões dos outros.	Usar a bolinha como objeto de discurso. Listas de perguntas. Placas de concordo/discordo. Cenários de caso. Quadro branco interativo. Fichas de observação dos alunos.	Escuta e fala e habilidade de debate. Trabalho em equipe, pensamento independente e inquirição criativa – os alunos deverão fixar e forças seus próprios limites, tendo seus pensamentos e emoções desafiados. A reflexão é importante, pois eles deverão identificar implicações e expandi-las. Participantes eficazes – os alunos precisam defender seus argumentos para atingir distinção neste trabalho e usar esse conhecimento na visita à universidade da semana seguinte.	Os alunos terão opiniões fortes aqui, e é essencial que eles não se ataquem no caso de visões diferentes. O tutor deve cuidar para que os alunos sintam que podem contribuir de qualquer maneira que seja, sem medo de recriminação. A participação dos alunos possibilitará que eles obtenham notas rumo ao conceito final do seu trabalho (Trabalho 4), alcançando prazer e rendimento, contribuição positiva e bem-estar econômico (ajudando a progredir para cursos futuros/maior empregabilidade). Os cenários são baseados em questões reais de assistência médica e social, estimulando a saúde e o bem-estar futuros dos alunos/colegas e pacientes.	Fichas de observação do Trabalho 4 entram no portfólio final (exige a presença de um segundo tutor para aprovar as fichas de observação, mantendo-se a justiça e a validade).

Número da aula	Objetivos de aprendizado e conteúdo ligado ao plano da disciplina	Estratégia de ensino e atividades dos alunos	Materiais/recursos/ tecnologias de aprendizado	Oportunidades de incorporar habilidades funcionais	Oportunidades de desenvolver habilidades mais amplas	Avaliação interna/externa
10	**Objetivo de aprendizado** – **Tecnologias de reprodução genética** Visita à universidade para debate "ao ar livre".	Excursão à universidade. Necessidade de realizar avaliação de risco e assinar fichas cadastrais dos alunos para a universidade. Informações de contato emergencial para a universidade, no caso de emergências ou imprevistos.	Formulários de avaliação de risco. Assinatura dos alunos nas fichas e informações de contato. Fichas de observação dos alunos. A universidade fornecerá todos os recursos.	Oportunidade de trabalhar juntos em grupos colaborativos, fazendo perguntas e comunicando-se claramente com acadêmicos e alunos de outras instituições.	Elevação das aspirações mediante exposição a estudo de nível superior e ambiente universitário. Oportunidades de desenvolver conhecimento sobre finanças e vida universitárias.	As fichas de observação do Trabalho 4 entram no portfólio final.
Ética e tecnologias genéticas						
11	**Revisão da unidade** Verificar se os trabalhos faltantes foram feitos.	Portfólios de Desenvolvimento Profissional (PDP) do Aluno. Atualizar os resultados dos alunos, PDPs e dar tempo para que os planos de ação sejam executados. Revisar e registrar as estratégias de avaliação com os alunos. Dar tempo para que o trabalho remanescente seja concluído/reentregue.	e-Portfólios. Centro de recursos de aprendizagem. Documentos de entrega final.	Foco na precisão da evidência escrita – habilidades aplicadas de língua materna.	Prazer e rendimento.	
Revisão e aprovação	Tutoriais individuais, se necessário.					

Apêndice 1 » Exemplo de esquema de trabalho vocacional

Número da aula	Objetivos de aprendizado e conteúdo ligado ao plano da disciplina	Estratégia de ensino e atividades dos alunos	Materiais/recursos/ tecnologias de aprendizado	Oportunidades de incorporar habilidades funcionais	Oportunidades de desenvolver habilidades mais amplas	Avaliação interna/externa
		Portfólios de Desenvolvimento Profissional (PDP) do Aluno.				
12 Revisão e aprovação	Tutoriais e *feedback* dos alunos sobre o módulo Aprovar o trabalho dos alunos para o portfólio, pronto para Verificação Interna e Externa.	Preencher questionários de avaliação. Atualizar os resultados dos alunos, PDPs e dar tempo para que os planos de ação sejam executados. Revisar e registrar as estratégias de avaliação com os alunos. Dar tempo para que o trabalho remanescente seja concluído/reentregue.	e-Portfólios. Centro de recursos de aprendizagem. Documentos de entrega final.	Foco na precisão da evidência escrita – habilidades aplicadas de língua materna.	Prazer e rendimento.	

Apêndice 2
Modelo de plano de avaliação

Plano de avaliação

Qualificação/Curso:

Líder do programa:

Número e título da unidade:	Trabalho	Resultados	Critérios de avaliação	Data de proposta	Data intermediária de feedback	Prazo de entrega	Data final de avaliação	Data de amostragem do VI	Data de reentrega	Nome do avaliador	Nome do VI
Ano 1											
Ano 2											

Assinatura do líder do programa   Nome   Data

Assinatura do verificador interno (VI)   Nome   Data

Apêndice 3
Modelo de reflexão IRIS

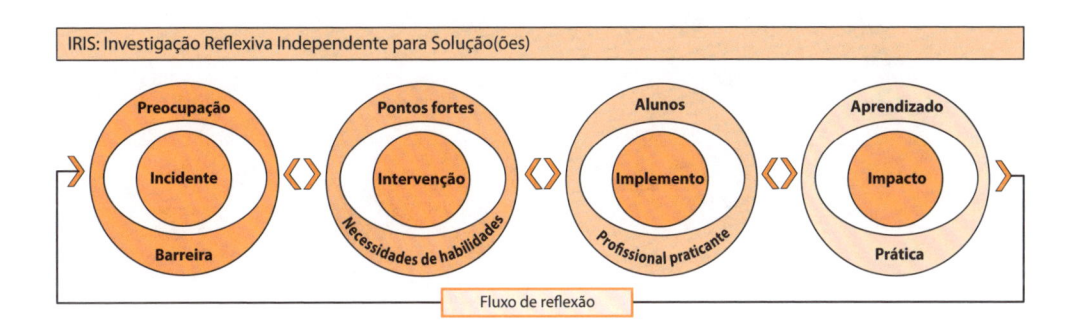

IRIS: Investigação Reflexiva Independente para Solução(ões)

- Preocupação / Incidente / Barreira
- Pontos fortes / Intervenção / Necessidades de habilidades
- Alunos / Implemento / Profissional praticante
- Aprendizado / Impacto / Prática

Fluxo de reflexão

Identificar um incidente crítico específico. Descrever o incidente — qual é, ou quais são, as suas preocupações? Você identificou uma barreira ao sucesso?

Após identificar uma incidência em sua prática, pense em uma intervenção que possa resolver as preocupações.

Como essa intervenção pode ampliar os pontos fortes existentes? De que habilidades você pode precisar?

Havendo identificado uma possível intervenção, como você pode implementá-la? O que você pode fazer para que isso aconteça?

Agora considere o impacto que a intervenção pode vir a ter. Como seria o sucesso? Existem áreas de risco? Como será medido o impacto? A implementação foi bem-sucedida? Você tem alguma outra preocupação?

Adaptado de: Ingle S e Duckworth V (2013) Enhancing Learning through Technology in Lifelong Learning: Fresh Ideas; Innovative Strategies. Maidenhead: Open University Press.

Índice

A
abordagem de sala de aula invertida 122
abordagens antidiscriminatórias 53
academias empreendedoras 36
ambientes virtuais de aprendizagem 121
andragogia vocacional 22
aprendendo
    além da sala de aula 68
    fora da sala de aula 75
aprendizado
    baseado em problemas (PBL) 120
    experiencial 118
    por meio de ambientes virtuais de aprendizagem 121
    situado 48
aprendizados 8-9
aprendizagem
    por meio de *coaching* 125
    por meio de competição 131-132
    por meio de jogos 134-135
    por meio de prática 120
    por meio de reflexão 128–129
área de matéria setorial (SSA) 13-14
avaliação 75, 144–151, 159
abordagens 144
    de risco 50
    diagnóstica, 147
    eficaz 150
    ferramentas de, 146-147, 159
    formativa, 147
    inicial, 147
    ipsativa, 149
    planejamento 159
    referenciada por critérios 149
    somativa 148
    tipos, 147-148
    vocacional 143-159

B
behaviorismo 47

C
CHIME xii, 46
coaching 125-128
    aprendizagem por meio de, 125
    modelo "GROW" de, 125
cognitivismo 47
Commission on Adult Vocational Teaching and Learning (CAVTL) 3, 19, 69
competição 63-64, 131-134
confiança 56-57
contextos 35-37
Csikszentmihalyi, M 60
custos 34

D
Department for Education 30, 68
desafio ideal 60
Dewey, J. 117, 128
diário de aprendizado 166
Duckworth, V. 57, 99, 163
Dweck, C. 58, 96, 97

E
Edge Foundation 3-4, 38, 133
Educação ou treinamento 4-5
educação vocacional
    o que é 1
    versus educação acadêmica 5
ensino
    a distância 37
    e aprendizado 74
    e aprendizado cooperativos 137-138
    misto 37
Enterprise academies 36

escola-estúdio (*studio schools*) xi, 35-36
esquema de trabalho vocacional 188-200
estágio 70-71
estereótipos 53-56
estilo de aprendizado 93-96
estudos de caso 15, 77-78, 79-81, 86, 103, 122-124, 126-128, 135-137, 151, 157-158, 170-171, 174-184
ética 168
evidências 162
autênticas 143
    confiáveis 143
    e ética 147
    registro 145

F
Facebook 76
feedback 75, 10-11
*feedforward i*152
Fishbein, M 61
Further Education Reputation Strategy Group (FERSG) 42

G
Gagne, R 91
Gibbs, G 129

H
Habilidades funcionais 102
Handbook for the Inspection of Further Education and Skills 52
Heider, F. 62
Honey, P. 94
humanismo 48

I
Institute for Learning (IfL) 16, 33, 40
International World Skills 131

J
jogos 134-135
Jones, P 36

K
Knowles, M. 22
Kolb, D. 118-119, 128-129

L
Learning and Skills Improvement Service (LSIS) 63-64
Lei da Igualdade 51
letramento 98-101
desenvolvendo o, 98
digital 103
vocacional 99
LinkedIn 77
Lucas, B. 12, 20, 24, 119

M
manter-se atualizado 38
Maslow, A. H. 48-49
mentalidade de crescimento 58, 84
reforço por meio de *feedback* 153
modelo
de habilidades CREATE 35-36
de Investigação Reflexiva Independente para Solução(ões) (IRIS) 130, 203
de plano de avaliação 202-202
GROW 125
LEAP 126
PAR de ensino 90-91
para planejar aulas 84-85
VARK 93
modelos de ensino 90-91
modelos vocacionais 70
motivação
influência da falta de, 63
intrínseca 57
para aprender 23, 47-48
por meio de competição 63
promoção da, 64
teorias da 48-49
mudanças xi, 27–42
Mumford, A. 94

N
National Occupational Standards (NOS) xiv
National Vocational Qualifications (NVQs) 10-11
Níveis A aplicados 12

O
Office for Standards in Education (Ofsted) 13, 40
organizações de FE e Habilidades 39-42

P

pedagogia vocacional 19-20, 85
Petty, G 90
Pinterest 77
plágio 164
planejamento
　documentos de, 85-88
principais considerações 84
plano de aula 87-88, 104-113
políticas em mudança 28-33
portfólio eletrônico (e-Portfólio) 103, 163
portfólios 162-163
profissionalismo
　na formação complementar 33
na *further education* 33
programas de *trainee* 9-10

Q

qualificações
BTEC 10
laborais 10
vocacionais 7–18, 29-30
Qualified Teacher Learning Status (QTLS) 29, 33

R

reconhecimento e registro de progresso e conquistas (RARPA) 7-8, 92
redes sociais 76-77
registro de habilidades práticas 166
Registro da trajetória educacional do aluno 163-164
Revisão de Richard dos Aprendizados 32
Revisão de Wolf da Educação Vocacional ix, 3, 6-7, 28, 144
registros de desenvolvimento pessoal (PDR) 162

S

saúde e segurança 89
Schön, D. A. 128
Sector Skills Council (SSC) xiv
Sixth Form Colleges' Association (SFCA) 42

T

Technical Baccalaureate (TechBacc) 12-13
teoria
　da atribuição 62
　do aprendizado vocacional adulto 22
　expectativa-valor 61-62
Tolhurst, J. 126
Treinamento vocacional 32, 46
Tummons, J. 2
Twitter 76

U

UK Commission for Employment and Skills 40, 46
University Technical Colleges (UTCs) xi, 31

V

Vocationally Related Qualifications (VRQs) 11-12

W

Whitmore, J. 125
Wolf, A. ix, 3, 6-7, 28, 144
World Skills UK 56, 115

Y

YouTube 77

IMPRESSÃO:

Pallotti
GRÁFICA EDITORA
IMAGEM DE QUALIDADE

Santa Maria - RS - Fone/Fax: (55) 3220.4500
www.pallotti.com.br